# 全民健身背景下运动健康的研究

张为杰◎著

中国纺织出版社有限公司

# 内 容 提 要

全民健身是全民通过体育健身来增强体质、保持健康。本书主要讲述全民健身背景下，坚持健身锻炼，积极参与全民健身运动，切实增强自身体质和达到健康状态，推动健康生活理念的普及。

## 图书在版编目（CIP）数据

全民健身背景下运动健康的研究 / 张为杰著 .-- 北京：中国纺织出版社有限公司，2023.3

ISBN 978-7-5229-0381-1

Ⅰ.①全… Ⅱ.①张… Ⅲ.①体育锻炼—关系—健康—研究—中国 Ⅳ.① G806 ② R161

中国国家版本馆 CIP 数据核字（2023）第 039696 号

---

责任编辑：段子君  责任校对：高 涵  责任印制：储志伟

---

中国纺织出版社有限公司出版发行

地址：北京市朝阳区百子湾东里 A407 号楼  邮政编码：100124

销售电话：010—67004422  传真：010—87155801

http://www.c-textilep.com

中国纺织出版社天猫旗舰店

官方微博 http://weibo.com/2119887771

天津千鹤文化传播有限公司印刷  各地新华书店经销

2023 年 3 月第 1 版第 1 次印刷

开本：710×1000  1/16  印张：10

字数：150 千字  定价：99.00 元

---

# 前　言

全民健身是全民通过体育健身来增强体质、保持健康。随着人们对健身意识的不断提升，体育健身运动变得非常有必要，且很有意义，在日常生活中开始详细地制订健身计划。为了让很多人认识到这一点，各级部门应做好宣传工作，通过学校宣传、社区宣传、动员大会等各种各样的方式，把群众的积极性调动起来，踊跃地参加健身运动。与此同时，相关部门要依据每个地区居民和环境特点的不同，有针对性地制订相应的健身计划，使人民群众真正地感受到全民健身活动的规范性和丰富性，以充分动员全体人民对健身运动的认可。

健身不仅是年轻人的事，也不仅是城市人的事，老人、农村群众都要积极参加健身活动。随着我国人口老龄化的加重，老年居民需要在有关部门的监督和鼓励下，踊跃参加全民健身活动，并在辖区开设好的健身项目，以及他们感兴趣的健身运动，通过健身锻炼能体验到健身的乐趣，使更多的老年人参与其中。在促进全民健身活动中，乡镇人口的健身活动也要引起相关部门的重视，结合乡镇的实际情况，通过对居民的生活习惯和工作安排的调查了解，拟订相应的健身计划，促使乡镇居民真切地感受到健身锻炼的好处。

全民健身不仅能提高人民的身体素质，人们在健身的同时还能丰富休闲生活，提高生活质量，陶冶身心。因此，各地有关部门要想方设法丰富全民健身活动内容，如定期举办健身比赛、健身表演等，使全民健身具有更大的吸引力和活力，真正实现全民健身目标。

随着我国全民健身设备的不断完美，全民健身计划的日益完善，人们生活水平的逐步提高，健身运动开始融入人们的生活中。体育锻炼是以发展身体、增进健康、增强体质、娱乐身心为目的的身体活动，能促进人体的生长发育，培养健美体态，提高机体工作能力，消除疲劳，调节情感，防治疾病，提高和改善人的体质甚至益寿延年。在运动中，营养的吸收都来自日常饮食。部分营养食品可以从运动营养补充品中获得，并且方便快捷、容易吸收、科学搭配、营养均衡，使运动营养补充剂在绝大部分健身爱好者中得到广泛的认可和食用。

运动前补充糖分，在饮食中摄取足够的碳水化合物，可以使身体有足够的肝糖原和肌糖原供身体能量使用，保持运动的连续性。运动时适当补充营养丰富的碳水化合物，可以维持血糖水平，增强运动耐力，延缓疲劳。由于蛋白质是构成人体各个器官和肌肉的重要基础物质，也是满足运动训练后身体恢复和骨骼肌细胞细微损伤的重要基础物质，运动训练后30分钟内，需要补充适量的纯乳清蛋白粉。矿物质虽然不是供能物质，但在调节机体代谢、体温、神经肌肉兴奋性、酸碱度平衡、维持运动能力等方面发挥着重要作用。如果运动后身体缺乏矿物质，就不能产生足量的造血素，从而导致贫血，影响人的健康。因此，人们在运动后、平时的饮食中要注意补充矿物质，尤其是钙和铁的摄入。饮食中钙和铁的主要来源是豆类、鸡蛋、乳制品、蔬菜、水果和动物肝脏。

本书主要讲述全民健身背景下，坚持健身锻炼，积极参与全民健身运动，切实增强自身体质和达到健康状态，推动健康生活理念的普及。有关部门需要加大全民健身运动的宣传工作，使人民群众了解全民健身运动，提升对生命健康的认知，并且积极参与到全民健身运动中。全民健身运动的全面普及，不仅可以提升自身的免疫力，还能防止或降低身体疾病的发生，对增进群众的身体健康有很大的作用。运动健身后，营养的补充是非常重要的，只有膳食合理，体质增强，拥有健康的体魄，才能肩负起实现中华民族伟大复兴的重任。

本书在编写过程中参考了大量的相关资料，由于作者水平有限，书中难免有不足之处，希望读者批评指正。

著者

2021 年 6 月

# 目　录

# 第一章 全民健身的发展现状

## 第一节 全民健身的意义

### 一、可以有效增强身体健康

现今，人们生活节奏的加快以及工作压力的增大，使很多人越来越重视体育锻炼。怎样才能坚持体育锻炼，保证身体健康，并且科学健身，提升健康的体质水平，是很多人都非常关心和探求的问题。在踊跃推行全民健身运动的背景下，我国城市居民社区体育发生了新的变化。城镇居民职业阶层和收入水平进一步分化，区域和城市之间的发展水平不一样，城镇居民的生活存在差距。全民健身的影响因素各种各样，实施全民健身计划是一项重大的全民健身建设工程，涉及全国各行各业和每个家庭，以及教育、科学、文化等领域。

人们平常的身体素质不仅与日常生活和工作有很大的关系，还与健身运动有关。所以，身体素质按照目标和个人需要分为"运动技能有关的身体素质"和"健康有关的身体素质"，可以简称为竞技体适能和健康体适能。引导人们积极参与体育活动，形成良好的生活方式，他们才能拥有健康的体质。[1] 在整个健身过程中，我们需要对锻炼者的健康体质进行全面系统的记录和测试。健康体质是指与健康密切相关的体质测试。健康体能是指保持身体健康、减小慢性病风险和降低肌肉骨骼损伤发生率所需的最低体能水平，目

---

[1] 邱敏. 新时期下的全民健身发展机遇与挑战 [J]. 文化创新比较研究，2019，3（6）.

的都是增强体质，促使健康，改善普通人的日常生活，拥有健康的身体，提升生活质量，提高工作、学习效率。健康的体质是衡量一个人体能的常用指标，是健康的最基本基础。由于健康的体质与防治城市疾病的关系密切，受到健康、体育、运动科学和医学界的普遍重视。比如说心血管耐力与心脏健康相关，肌肉力量的耐力和柔韧性与脊柱健康相关，身体成分与肥胖相关。提高体质水平是我国全民健身一致的目标，大力宣传健康体质的理论和方法来改善我国人民的体质是非常有意义的。全民健身是一项老少皆宜的运动，以终身锻炼身体为主。

全民健身最主要的功能是提高人们的身体素质和体质，促进人们身体更加健康，全民健身对提高健康体能和身体素质是大有帮助的，强身健体对全民健身起着很大的作用。对心肺的作用是人体心脏泵血及肺部吸入氧气的能力，是人摄入氧气和将氧气转化成能量的能力。生物体新陈代谢需要氧气，氧气在日常生活中和各种体育活动中非常重要。平常工作量的增加，氧气的需求也会增加，氧气的充足在平常的工作中起到很重要的作用，其水平的高低主要体现在呼吸功能、氧气输送系统、心脏的泵血功能和肌组织利用氧的能力。肌肉健身包括肌肉力量健身和肌肉耐力健身，肌力不足时会导致运动动作效率差、肌肉疲劳、运动损伤。肌肉健康的重要性是避免关节扭伤和身体疲劳，保持身体更加匀称。良好的肌肉健康还可以改善身体活动，提高生活质量。关节的灵活性是指用力时扩大活动范围的能力，主要是身体各关节的活动程度，以及肌肉、肌腱、韧带、皮肤等关节组织的弹性和伸缩性。[1] 其灵活性对于提高身体活动水平和改善肌肉紧张大有裨益。对于避免关节僵硬，保持正确的姿势，减小运动器官损伤也是非常关键的，关节的灵活性可以提高运动能力和运动效果。

好身材是每个人都向往的，好身材不仅能体现人的外在美，还对自身的自信心有所提高。体型和体态能体现一个人的气质。体型是指整个身体的形状，是自身各个部位从头到脚的比例和肌肉曲线形体的大小。体态主要是指

---

**❶** 董新光. 全民健身大视野 [M]. 北京：北京体育大学出版社，2003.

各个部位的外观和姿势，身体的姿势在有氧运动的动作要求中体现出来，并与我们日常生活中的姿势要求基本相同。所以，通过长期的运动锻炼，肌肉的力量增强，肌肉的形状拉伸，肌腱、韧带和肌肉弹性得到了改善。同时提升了胸背部肌肉的体积，腰腹部沉积的脂肪逐渐消除，身体变得丰腴美丽。通过正确的肢体动作的训练，不正确的身体姿势得到很好的纠正，体态线条得到塑造，有助于保持健美的体型。

各种器官系统在运动中得到有效提高，与平常的体育锻炼是分不开的。有氧运动是指在运动中有节奏并且持续时间长，跟着音乐的节奏，骨骼、关节和肌肉都参与到锻炼中。不管是节奏还是强度都非常适合普通人锻炼。人体关节的柔韧性经常在有氧运动中得到提高，人体肌肉的力量也得到提升，肌纤维的增粗，弹性的增加，使韧带、肌腱等结缔组织更有弹性，有效地避免了在运动中受到损伤。因为有氧运动对肌肉、骨骼、关节、韧带有很好的刺激作用，持之以恒的有氧运动可以促进软骨生长，增强体质，使骨骼变得更紧密、更壮实。

有氧运动对心肌血管的中等强度训练有很好的适应性，有利于心肌的血液供应和氧气的利用。增加心肌收缩蛋白和肌红蛋白的含量要坚持长期参加有氧运动，增生心肌毛细血管，促进血液循环，心肌纤维变粗，增厚心壁，增加心脏收缩力度，增加每搏输出量和每分钟输出量，改变了心脏形态和结构，产生了适应性。有氧运动增加了心脏容量，还可以使人在放松时发挥储备能量的作用。[1] 因此，身体整个血管系统的结构得到改善，弹性好，功能提高，从而减少心血管系统的各种疾病。肺通气量呈指数增长，肺泡的开放率增加，从而增加肺容积的摄氧量。经常参加有氧运动，会使呼吸肌越来越强，在安静状态下呼吸会加深，频率会降低，运动时吸氧量大，使身体有氧代谢旺盛。由于健美操涉及很多的臀部活动，营养物质往往会大量地消耗，主要是能量物质，需要及时地补充。补充能量后可以加大胃肠的蠕动，消化

---

❶ 胡文清，肖明生.有氧运动处方对老年患者心理调适应用效果分析 [J].广东医学，2017，38（8）：1304-1305.

液的增多，并促进消化吸收，使人感到饥饿，食欲增加。正因为如此，很多人参加有氧运动后，普遍都觉得吃饭香了，不再挑食，胃口变得比以前好了，增强了消化吸收功能。

## 二、可以提高对全民健身和健康的认识

健康是指一个人在身体、精神和社会等方面都处于良好的状态。健康不仅是看一个人身体是否有疾病，是否出现虚弱情况，还要看一个人的生理上、心理上、在社会上的完好状态。开展全民健身运动，人民健康水平得到了进一步提升，也推动了健康中国建设的全面发展，健康中国建设是体育服务的首要任务。全面实现全民健身与全民健康相结合的发展观念，最主要的是推进健康中国建设全面发展。❶体育锻炼不仅仅是运动，更重要的是体育教育、生活方式和精神支柱。社会氛围健康方面得到发展，体育运动具有综合的价值和多重功能。健康中国建设和体育发展是息息相关的，健康中国建设也将为体育发展提供更广阔的空间。

加快构建公平、通达、科学、合理的公共体育服务体系，逐步推进区域间、城乡间、人口间基本公共体育服务均等化，制定合理的公共服务标准体系。结构清晰、内容完善、符合实际。统筹全民健身设施建设，使广大群众亲近和使用。全民健身活动的开展，提供多姿多彩的体育运动。组织基层大力培育全民健身运动，加强公益性和专业性社会体育指导建设，使人的健康得到全面发展。健身知识的普及，健身效果的宣传，健康新理念的推广，将身心健康作为个人发展和适应社会的重要能力，树立以健身为荣的信心，营建良好的家庭氛围。

全民健身的重点对象以中年、青少年、儿童为主，尤其是青少年、儿童是我们国家的未来，是全民健身的重中之重。因此，学校要全面贯彻党的教育方针，认真做好学校体育工作，极力提升学生的身体素质，把学校体育真

---

❶ 孙磊. 浅谈全民体育健身的趋势和发展［J］. 当代体育科技，2017，7（8）.

正作为全民基础来抓。

提高全民体质健康水平，充分地发扬体育学科队伍的骨干作用，以群众体育和全民健身为重点，建立健全的理论体系，发掘和整理我国传统体育医疗、保健、康复等方面的传承，为群众体育提供很多方便。与此同时，还要制定体能测试标准，开展相应的体能测试工作，让人民群众根据这些标准制定锻炼的方法。❶依托有关部门共同推动的社会系统工程，为实现社会主义现代化建设目标而建立的全民参与的社会系统工程，是一个动员和组织全民积极参与各种形式的跨世界的社会系统工程。其目的是加强体育锻炼，增强体质，提高公民素质，总之，这是一项动员和组织全民参加体育锻炼、普及全民健身、增强全民健身的群众性发展计划，有利于调动人民群众的主动性和积极性，真正健康地适应社会主义市场经济。这是有关部门推出的切实可行的办法和措施，大大提高了全社会的体育意识和人们的健身观念。

体育强国和健康中国思想都是中国梦的重要组成部分，也是几代中国体育人锲而不舍的追求和伟大的梦想。满足人民健康需求、提升全民身体素质是我国体育事业发展的出发点和落脚点。在中国特色社会主义新时代的背景下，加快建设体育强国，增强人民健康水平是我们的必然选择。❷全民健身为体育强国带来新思路，竞技体育运动和群众体育运动的目的都是实现全民健身，体育是社会发展和人类进步的重要标志，群众体育是全民健康水平的体现。体育强国不但要求竞技体育在全球范围内领先，也要求群众体育工作做大、做全、做好。健康中国建设是我国国富民强的重要体现，在全民健身活动引领下为体育强国的内涵开辟了一个崭新的思路。

全民健身是全面建设小康社会的重要内涵，全民健身的目的是实现全民健康。健康是指一个人的身体素质和精神状态在良好水平以上的表现。健康是一项基本人权，是广大人民群众的共同需求。健康稳定是获得幸福家庭和事业成功的基础。也可以说，健康是人的第一财富。没有健康为根基，就无

---

❶　肖林鹏. 现代体育管理［M］. 北京：北京体育大学出版社，2015.
❷　刘羽梦，马鹏帅，慕翠翠. 全民健身推进健康中国战略建设研究［J］. 文体用品与科技，2017（15）：179-180.

法实现中华民族的伟大复兴。当前，我国已全面建成小康社会，在进入新时代时期，国家发展与日俱增，人民的健康非常重要，如果没有健康的身体，就没有小康社会。

全民健身活动的发展与体育管理部门有密切关系，体育管理部门要按照每个地区的人口和环境，通过详细的检查分析，建设一定的体育场馆、游泳池、足球场等健身场所，健身器材投放到社区，使全民公共健身服务得到很好的提升。推动全民健身政策的宣传，使人民群众健康意识有所提高，宣扬健康理念，提倡科学健身指导，从而提高群众科学健身水平。在硬件设施方面，要增加活动场地和运动器材的供应，这样才能在和谐的社会中促进群众体育健康发展，激发人民群众参加体育运动的意愿。

## 三、促进全民健身的发展

我国对全民健身计划还缺乏认识，全民健身理念要想实现广泛的普及，社会各级需要加大对全民健身重要性的认识，推进全民健身快速发展。政府部门应加大相关体育健身设施的投入，基础设施建设和引导工作要积极地开展，让人民充分地了解健身的方式，普及并促进健康生活理念。要保障全民健身方法的科学性和合理性，要明确全民健身的目标和内容，要细化全民健身的方式和方法，保证各个环节的施行，避免全民健身目标和内容不明确，降低人民参与体育锻炼的积极性。❶在实施全民健身计划过程中，要关心人民群众参与体育锻炼的情况，如有反映的问题，要立即和人民群众沟通和解决问题，增强终身参与体育锻炼的意识，培养他们健康的生活方式。

全民健身理念的普及牵涉很多方面。关于全民健身的指导文件还不够健全，全民健身发展不畅通，这大大阻碍了全民健身理念的普及。体育健身方式创新在群众中发挥良好的宣传作用，有利于调动群众参与的积极性。相关文件制定中，需要吸纳群众的意见和建议，使人民群众积极地参与到全民健

---

❶ 郭庆红. 健身运动指导全书 [M]. 北京：农村读物出版社，2012.

身计划中来。在指导文件实施过程中，相关部门对人民群众的需求要提高关注度，尽可能满足各群体的需求，保障指导文件的顺利推行。所以，指导文件要形成一个完整的、制度化文件。指导文件的拟定一定要适合全民健身工程的发展目标，务必适应发展的实际需要。

全民健身的发展，要有创新的方式和方法，大家的互动交流是关键，基础设备的建设要开展，在不同发展阶段采取适当的策略和方法，与社会制度力量相结合。有必要了解广大群众关于开展全民健身运动的意愿，针对全民健康开办讲座，从发展实践和经验入手，不断地优化发展方式。国家对全民健身的认可，在健身基础设施方面的优化也取得了很大的进展，从而广泛地吸收了很多成功的经验。❶在体育发展模式和流程的基础上，依据现实需求和资源特点，对热门体育场馆设施有所调节和增加，设计多层次履行方式，要清楚与社会合作在体育发展中的重要性，并确保其各方面的条件都符合大家的体育锻炼需求。此外，政府还应该加强对健身基础设施安全和标准化的监管，使全民健身工作高速发展，并激发大众的参与兴趣。

新时代全民健身发展途径。全民健身不是单打独斗就能做大做好，需要政府和社会的共同治理。要建立健全完善以人为本的全民健身保障体系，提升全民健身服务水平，以及大力培育社会多方面的力量广泛参与。通过政府的政策指引、科学管理，以及与全民健身相关的各体育行业协会、群众体育组织、企业、个人等主体的共同参与，多方努力产生巨大合力，保证全民健身事业行稳致远。

完善以人为本的全民健身保障体系。体育强国与全民健身是一项利在当下、利在未来的事业。全民健身属于公共体育的范畴，为开展全民健身工作，政府需要提高全民健身管理水平，完善工作模式。通过制定相关政策和细则，构建全民健身工作制度保障体系。保持全民健身健康持续发展，必须坚持以人为本，把人民利益放在首位。在发展中，要坚持体育为群众健康利益服务的主体原则，切实促进全民健身服务的公平公正。各级体育管理部门要完善

---

❶　刘国永. 中国群众体育发展报告 [M]. 北京：社会科学文献出版社，2014.

全民健身制度体系建设，市、县两级体育管理部门要建立并实施全民健身联席会议制度，实现体育组织在市、县、村的全覆盖，打破城乡居民健身二元结构，促进城乡协调发展。❶依托居委会、村委会、综合体育协会、民间体育协会等组织，建设全民健身组织网络和活动记录工作，提高全民健身工作的指导和管理水平，实现全民健身"最后一公里"。鼓励人民群众开展步行、慢跑、游泳等日常健身运动。体育管理部门还应充分利用"全民健身月""全民健身日""健康生活方式日"等节点，组织开展低门槛、趣味性强、广泛参与的群众性拔河比赛、群体类比赛、中长跑等多元化的团体运动项目，通过不断改革创新，在群众运动的方法和效果上动脑筋，探寻出适合我国国情、符合新时代社会发展要求的全民健康运动的方法。通过全民健身活动，最终实现我国群众体育跨越式发展、全面发展的目标。

提高全民健身服务水平是体育管理部门为全民健身活动服务的工作，对全民健身活动的开展起着至关重要的作用。各级体育管理部门要根据区域人口和环境特点进行详细调查，在公园、广场等公共区域合理建设体育场馆、游泳池、足球场等健身场所，针对不同年龄段的人群，如老、中、青、幼，面向健康水平人群的各类健身器材，将提高全民健身服务水平。强调以舆论为先，线下通过广播、电视、报纸等媒体加强全民健身政策和新闻信息的宣传，制定和发布科学的健身指南。增强公民健康意识和建设意识，弘扬健康理念。❷定期邀请体育专家、学者通过媒体或现场举办运动健康与健康体育讲座，为市民科学健身提供指导，提高群众科学建设的能力。宣传全民健身相关信息，如公布行政区域内全民健身设施目录、开放时间、收费标准、免费项目、健身服务等信息，方便群众合理安排锻炼时间。线上，通过政府官网、微信、微博等媒体，搭建信息服务平台，加强与群众的沟通互动，了解群众在健身活动中的实际需求，整合公众信息反馈，多开发符合大众健身能力的健身活动。在硬件设施方面，要增加场馆和运动器材设备的供给，以此促进

❶ 杜祎. 全民健身运动中的"跑步热"现象研究 [J]. 黑龙江科技信息, 2017（10）: 50-51.
❷ 王雅静. 让群众体育在共建共享中增强获得感 [N]. 内蒙古日报, 2018-08-25（2）.

和谐社会群众体育的健康发展,提高群众对政府全民健身服务工作的满意度。激发全民运动意愿,使群众在科学健身运动中强身健体,在健身中享受快乐。

在培育社会多元力量参与共建新时代的发展背景下,政府推动职能转变,将共建、共治、共享的社会治理理念引入各项事业发展中,取得了丰硕的成果。全民健康必须逐步改变传统的综合管理方式,进一步推进放管服改革,将权力释放给社会,赋予社会和市场更多的自主权。注重培育基层体育行业协会等社会组织,特别是为群众自发性体育组织提供帮助和支持。制定合理的薪酬制度,纳入社会福利体系,激发体育社会组织管理人员的积极性,引导社会体育组织让更多人参与全民健身。同时吸引更多的体育专业人士投身全民健身工作,在专业水平上提升全民健身素质,全民健康是全民健身的目的。❶全民健身是实现健康中国愿景的重要途径和前提,医疗保健在支持和保障健身活动方面发挥着重要作用。体育部门和卫生部门要通过体育与医学相结合,共同为群众打造健康生活方式。因此,全民健身工作离不开医疗健康产业的融合,通过大力培育社会多方力量的参与,全民健身步伐将更加稳健。

## 四、全民健身活动的开展

保证全民健身公共服务体系健康有序发展的基本条件是公共体育。全民健身服务体系的改善,政府部门要制定体育公共服务行政法规,加速建设体育公共服务,政府体育公共服务体系建设要完善,各部门需要制定相应的规定,来保障公共服务主体的功能定位和法律地位,推进政府体育公共服务体系法律法规的施行,使政府体育公共服务体系建设有法可依。国家要加管政策和资金流动的保障性,建立和落实标准与指标体系,完善评价考核机制,全民健身产业在财税金融等方面提供保障,特别是全民健身服务业提供政策支持,建设全民健身服务体系。还要完善社会化全民健身服务管理体系,降低体育社会的准入门槛,在民政和税务等部门的配合下,实现全民健身服务

---

❶ 王赞. 全民健身背景下公共体育服务现状及构建研究 [J]. 体育风尚,2021(1).

监管、评价等一系列的管理体系。

在体育协会、健身俱乐部、健身队、社会体育指导员的指引下，群众性体育健身实现监管与举办职能分开的全民健身新机制，并且各司其职。群众体育以场地设施齐全、以健身为主，这需要政府各部门加大对全民健身工程的投入和建设，提升人民群众健身活动的公共设施标准，能更好地为群众提供便捷的健身环境和条件，保障全民健身活动顺利开展下去，为实现全民健身发展目标打下坚定的基础。[1]充分利用现有的体育场馆资源，提高教育系统体育设施的利用率，学校的体育场馆在满足本校师生日常体育活动需求的同时，更要加强管理，尽可能地对外开放，以满足群众健身的需要。

全民健身活动要全面普及与发展，激励更多群众参与进来，政府部门要发展体育事业，体育锻炼对促使人民健康、提升人民生活质量是非常重要的，积极倡议开展全民健身活动，加大宣传力度。比如利用广播、电视等宣传，每天坚持运动一个小时，或者每周参加一次体育运动，大力开展阳光体育活动，加强青少年体育俱乐部和青少年户外活动营地建设。利用全民健身日，以及在农闲季节做好宣传，并在法定节假日全面开展全民健身宣传活动，宣讲科学健身的方式和方法，并组织群众性体育活动和比赛，营造社会氛围，提高全民健身意识。

全民健身队伍建设和管理的加强，吸引更多专业人士参与社会体育指导队伍，相关部门不仅要重视队伍数量的提升，在指导方面也要提高质量。健全社会体育指导按劳制，各种管理体制制定了一系列的奖惩机制和监督机制，以提高社会体育指导的积极性，促进全民健身服务事业的快速发展。丰富全民健身活动内容，积极弘扬适应现代城镇化发展、趣味性强、场地设施要求低、技术要求低、使用方便、人们可以充分利用各种休闲时间的特点，特别适用于利用短时间锻炼提高人们运动乐趣的体育项目。活动形式从大型展览向就近、小规模、多样化活动转变，满足了人们的体育锻炼需求。

加大科学健身知识普及力度，倡导全民健身新时尚在全民健身运动开展

---

[1] 全粤华，文嘉敏 . 全民健身视角下智能体育发展的研究 [J]. 运动精品，2018，37（4）.

中，要不断加强群众的科学健身意识和知识，使群众在参与健身活动中切切实实地增强自身体质和达到健康状态，从而营造良好的健身氛围，使更多的人加入健身行列，真正实现"全民健身，全民健康"。

完善全民健身政策法规体系，加强培养专业指导性人才的政策法规，是规范人们行为的基本准则。在全民健身运动中，需要有健全的政策法规。为进一步明确政策法规责任条款，建立健全政策法规体系，严格责任制度，减少和避免健身不良问题的出现。❶ 同时，加大执法检查力度，彻底纠正违法违规和执法不严的问题，使全民健身真正步入正轨。

随着群众健身意识的增强，单一的健身项目不能满足广大人民群众的需求，有关部门要制定适应不同人群、不同地域，具有特点、特色的体育项目。经常参加健身运动的人，在全民健身运动中随处可见，会出现年龄层次不一的现象，我们平常很少看到中青年人参与全民健身运动。所以，在全民健身运动中要发展适合不同人群、不同地域，具有特点、特色的体育项目，以此来吸引更多的人参与健身。

建立完善运动健康数据库和最好的运动健康体系，让更多的人积极地参与到健身活动中，值得我们思考的问题是如何评价我们的身体素质指标和健身状况，因为现在很多人都在盲目运动，根本不知道自己应该参加哪些健身项目，适合哪些锻炼，才能达到预期的效果。并且，每个人的体质、体型都不一样，要建立运动健康数据库来达到全民健身的目的。

全民健康的生活方式以适当运动或适当锻炼为目的，这种适当运动或适当锻炼，实际上是通过卫生系统动员和组织全民进行适度的体育活动或体育锻炼，比如，每天慢走和各种相适应的体育活动。这就是说，体育部门推动的全民健身计划和群众体育的发展是有关联的。一是全民健身；二是适度运动，全民健康生活方式，两者都是面向全民的，而且它们的内容总体上没有太大区别。❷ 这是新时代发展下出现的新问题，要解决出现的新问题，不管是

---

❶ 王立诺. 碱性水在全民健身运动中应用之探索 [J]. 运动，2016（18）：134-135.
❷ 易剑东. 当前中国体育改革的批判性思考 [J]. 体育学研究，2018，1（2）：14-22.

体育方面的健康生活方式，还是全民健身，体质的增强，都要适量运动和适度锻炼，目的是提高身体素质和健康水平，真正地改善人们的生活质量，意识到在我国健康已经成为重要的话题，都是为了一个目标，积极参与体育锻炼，拥有健康的身体。

我国已全面进入小康社会新阶段，提高健康水平和生活质量是人民群众的目标。人们应该知道生活奔小康，身体要健康，依靠健康过上小康生活。社会的发展离不开健康，甚至紧密相连，我国提倡"以人为本，健康第一"的教育理念，就是指人们的身体健康，这也是人们最期盼的幸福生活。因此，我国的健康已成为一个重要话题，与物质文明、精神文明、政治文明相结合，才会出现健康文明。

进入 21 世纪，健康的生活方式作为提高人们健康水平的重要手段越来越重要。全民健康的生活方式是运动，这就意味着人民群众对健康养生观念的转变，有利于人民群众实现健康需求。[1]健康生活方式是适量的运动，对于健康生活方式的重要因素，提出健康必须遵循几个常理：合理饮食、适当运动、戒烟戒酒、心理平衡。我国提出的健康生活方式是建立在这四点之上的，全民健康生活方式运动也是以这几点为主要目标，将合理的饮食，适当的运动作为健身运动的切入点，把适当运动当作工作的重中之重。

运动可以改善身体机能，促进身体健康，运动的好处是多方面的，健康的人进行一般的运动锻炼身体不会觉得疲惫，而且可以预防疾病、防止身体过早退化。成年人平常最关心自己的身体健康，特别是心肌健康。有计划的有氧运动可以改善心血管功能和呼吸功能。为了拥有健康的身体，人们务必每周进行 3 次且每次不少于 20 分钟的锻炼活动。一个人的运动水平可以通过每分钟的心跳次数来衡量，比如慢走、慢跑、骑自行车、游泳和跳舞等，这都是人们最喜欢的有氧运动方式。有氧运动除外，增加肌肉力量和关节灵活性的运动也应包含在健身计划中，可以增强肌肉力量。比如有俯卧撑、引体

---

❶ 李志刚，李江，王正伦，蔡明明 . 动态与展望：全民健身与全民健康融合的法制保障研究［J］. 体育学研究，2018，1（3）：48-54.

向上、仰卧起坐等，是以身体自重作为阻力负荷的运动，同样得到很好的运动效果，伸展运动有助于增加灵活性。

在发达国家，对成年人构成重大威胁的冠心病发病率的降低与体力活动的增加有关。对于某些患者来说，经常锻炼有利于控制糖尿病和降低血压。但是一旦有规律的运动中断，运动锻炼的益处则无法持续。对于身体状况很好的运动员来说，一旦在运动中停止锻炼，他们也会很快复原到训练前的状况。健身所需的运动量是因人的年龄、体质、健康状况和性别而异的。❶过量的运动会导致关节的损伤，并在老年时引起关节疾病。这种情况在精英运动员中最为常见，关注刚开始锻炼的人，过度锻炼是最常见的问题。大部分人在运动的前几天会感到肢体的僵硬，这都是短暂的，并无大碍。像超重的人、已过中年的人、患有心脏病的人，在参与健身运动前应先咨询医生，找到适合自身锻炼的运动项目，以达到健身的目的。

全民族的健康素质被当作主要目的，全民健身和医疗卫生体系是实现此目标的根本路径，这是实现我国卫生保健事业的总目标，也是实现深化改革的基本职责。要想实现这项基本职责，全民健身和专业性的医疗卫生体制改革两者要融合起来，形成一个完整的系统体系。就是把这两者纳入一个大的系统中，进行统一规划、协调发展，这就需要统一的引导重心去全面规划。❷从现在来看，近几年来还有问题远未产生共鸣，全民健身还是习惯性地以为由体育部门主抓，因此倡导全民健康的生活方式，全民健身凭借的是不同形式的身体活动和身体锻炼，保证全民健身就是要经常参与身体活动和身体锻炼。体育锻炼具有一定的目的性，有一定的意识性，并且是有计划地实现运动健身。体育锻炼是促进身体健康的重要因素，体育运动可以改善并提高人体各组织器官的功能，促进身体健康，参加体育锻炼，有计划、有目的、科学地进行体育活动，是增强体质最积极有效的路径。

---

❶ 全粤华，文嘉敏. 全民健身视角下智能体育发展的研究 [J]. 运动精品，2018，37（4）：36-37.
❷ 刘国永. 实施全民健身战略，推进健康中国建设 [J]. 体育科学，2016，36（12）.

# 第二节　全民健身的重要性

## 一、运动健身改变了生活方式

人们的生活需求不仅仅局限于衣食住行的满足，而是扩充到触及整个生活方式的全方位需求，就是完全改善和提升生活质量和生命质量，体育运动的遍及就是一个很好的证实。但是，我们一定要引起足够的重视，工业生产在大规模运作中，对人们造成的危害正在扩大和蔓延。城市化的生活方式和快节奏、污染环境、吸毒、赌博等生活瑕疵，导致人体发育异常，危害健康。进入 21 世纪后，对人们而言更好的娱乐活动就是体育锻炼，可以有效地消除紧张情绪，寻求更有趣、更丰富的体育运动，这一切都体现了人们对身体健康的要求。

运动健身可以调节人的精神状况，使人的精神压力得到缓和，也可以当作人与人交流的一种方式，拉近人与人之间的距离。在现代化交流方式中，人们不再局限于在宴会上推杯换盏，而是进入了一种立体的空间状态。玩是一个重要的目的，达到相互交流的效果，不会玩和娱乐的人显得僵硬无助，缺乏优雅、轻松和幽默。是否采取积极的生活方式，与现代人的生活质量以及身心健康和社会健康密切相关。体育生活作为一种还原人性、彰显人性价值的生活活动和社会实践，意味着对人性的解放。通过快乐、舒适地享受运动，在生活中，可以开发自己的体能和认知能力，可以轻松地与人、社会、自然进行交流和沟通，拥有健康的人格，体验生活的幸福和完美。选择积极的生活方式意味着享受运动赋予的基本权利。

健身体质的生理机制主要是指人体通过新的环境和娱乐性的体育活动转移到大脑中，在大脑中感觉到的身体疲劳、精神压力、情绪紊乱等发生了根本性变化。也就是说，大脑中的神经主导兴奋已经被非常积极主动的休闲运动所占据，对其他兴奋点有很好的抑制和调节作用，从而使大脑和全身调理系统的功能得到良好的提升。[1]当体育锻炼不断提高各器官系统的功能时，体育锻炼有效地控制和祛除因工作学习引起的身体疲劳、精神紧张、情绪复杂等身体状况，最终使人体不断获得良好的健康状况。只有人人参与，体育才有真正的价值和意义。体育健身运动是保障身体健康的重要要素，其满足了人民群众对运动的需求，也有助于保护身体以免受到疾病的损害，从而延长人的平均寿命，提升人民群众的健康水平。人人都参与体育健身运动，不仅能提高自身的免疫力，还能增强抵抗疾病的能力，实现幸福和谐的生活。

在体育活动中，使人们在生活方面的不快感可以得到迅速的宣泄。目前，体育活动已经成为很多人发泄不满的一种方式，无论是体育实践还是体育欣赏，体育对大众都产生了巨大的影响，也给社会带来了强烈的影响。参加体育活动与观看体育节目有完全不同的效果，亲自参加体育活动可以使人们从中获得重要的基础经验和感性知识，特别是在童年时期。[2]参加体育活动可以增强人的身体素质，增进人与人之间的相互了解，交流与合作，还可以提升人们对社会责任和道德价值的进一步认识。

全民健身公共服务体系建设受到更多关注。因此，国家在新的五年规划中，特别重申体育事业的公益性，逐步完整、更加完善、覆盖城乡、可持续的全民健身公共服务体系。城乡居民健身意识进一步增强，参与度显著提高。锻炼人数和城乡居民体质明显改善是完善全民健身公共服务体系的首要任务。发展体育健身设施、丰富全民健身活动内容、完善全民健身组织网络、加强全民健身指导和志愿服务队伍等，是实现任务的一种工作方法或措施。

由于国家对公民身体素质监测和全民健身活动调查时间没有严格的规定，《全民健身计划》还要求县级以上体育主管部门对全民健身计划的实施和全民健身活动的执行情况进行检查。不定时地对全民健身计划给予指导意见，根据调查结果，《全民健身实施计划》及时修订，避免五年计划跟不上形势

---

[1]　康建敏，杜秀东．推动全民健身，公共服务要到位 [J]．人民论坛，2017（26）．
[2]　卢元镇．全民健身文化建设刍议 [J]．体育文化导刊，2015（3）：35-40.

变化，无法充分发挥作用。[1] 在全民健身公共服务体系建设中发挥引导作用，做好全民健身服务的重点和区域特色，在全民健身活动的形式和内容上不断创新，国家之所以进一步要求发展全民健身项目，并普遍开展全民健身运动，其真正的目的就是提高全民健身水平。健全的全民健身公共服务体系就是事关人民的健康，人民群众身体健康、生活幸福，才是国家富强和社会文明发展的重要目的，也是社会主义精神文明建设的重要组成部分，是全面建成小康社会的重要内容。

确立健身思想，拥有良好的健身理念。要积极树立"健康第一、终身锻炼""运动生活、规律健身"的健康观念。健身活动人人参与的心态，健康生活人人享受快乐，逐步变成人人自觉锻炼、主动健身、寻求健康的目标。健身要主动科学，掌握有效方法，制订详细的科学健身计划，健身方法要熟练，劳逸结合，循序渐进，倡议有氧的户外运动，体质提高的同时，增强抵抗力，拥有健康的体魄，在健身活动期间享受乐趣。保持按期按时健身，形成好的健身习惯。"每天健身一小时，健康幸福一辈子"，已成为健身运动的观念。健身运动要适时适度，持之以恒，选择适合自己特点和爱好的健身活动，主动锻炼，自觉锻炼，不断给身体充电。全民健身，利国利民，让我们一起运动起来，从自己做起，从每天开始，在运动中促进健康，在健康中享受快乐，在快乐中幸福生活，让我们的生活更加丰富多彩，让我们以精神饱满、斗志昂扬的强健体魄，全身心投入学习、工作和生活中，为建设美丽家乡、实现中华民族伟大复兴作出更大贡献。

拥有健康的身体，人们在生活方式上要做出改变。每个人的生活方式是不同的，体育锻炼可以成为生活的重要组成部分。因此，从社会分层的角度来看，全民健身工作计划应该有针对性。不同年龄段都要考虑到，不仅仅要考虑老龄化社会的到来，还要考虑年轻人健康创新意识的培养和综合竞争力的提升。[2] 从不同的社会阶层结构来看，既要关注中年人阶段的健康，使其成

---

[1] 童丽平，金川江. 城市化背景下城乡居民体育权利均等化的政策解读—— 以《全民健身计划纲要》为研究视角 [J]. 北京体育大学学报，2015，38（7）：38-43，49.

[2] 宋庆涛. 全民健身国家战略中的体育产业发展研究 [J]. 劳动保障世界，2015（9）：55-58.

为社会健康生活方式的引领人，又要培养青少年和儿童的体育意识，使他们成为全民健身计划的受益者。当然，也要关注社会上层的高端健身需求，使其成为带动国内健身新消费的领头羊。体育公共政策的终极目的是通过全民健身改变不健康的生活方式，改变体育资源在实施过程中的不均衡配置方式，实现人们健康生活方式的转变，人人提升身体素质水平，推动"健康中国"战略实施。

## 二、全面普及全民健身有利于经济和社会的发展

《全民健身计划实施纲要》作为依靠社会、全民参与，为实现社会主义现代化目标，有机配套的社会系统工程和跨世纪的发展战略规划，❶在公布和实施中，关于劳动者全面素质的提高，树立科学、文明、健康的生活方式，促进竞技体育与群众体育的协和发展，促成社会主义物质文明和精神文明建设都将起到积极的作用。

提高人们的健康水平需要有关部门推进人们形成健康的生活方式，参照国际经验，要想提升体育参与，体育意识至关重要。因此，普及全民健身的意识是总目标的第一层次，由于人是社会性动物，而意识受到环境的限制，要想改变意识短缺的现象，首先需要改变自然环境、社会环境和市场环境。

全民健身活动是涉及 14 亿中国人庞大艰巨的工程，而我们面对的障碍有很多，由于受到自然、地域、经济、人口等诸多因素的影响，体育专业管理人才少，生活经费短缺。现实生活中，大部分人自主锻炼意识不强，致使全民健身计划得不到全面的执行和实施。在我国，集团干部不到总人口的百分之一，基层组织缺乏专门的体育管理部门和组织，人们参加体育活动大都是自愿的。全民健身计划的全面实施和落实，必须有专门的组织来管理和领导，使体育活动的发展由过去的自由化向组织化转变，有统一的组织管理。

体育人口是衡量一个国家体育发展水平的重要指标，也是完成我国全民

---

❶　王勇．《全民健身计划（2021 － 2025 年）》印发 [N]．公益时报，2021-08-10（005）．

健身目标任务的基本保证和前提。我国的体育人口与发达国家相比有很大差距，我国体育人口仅占总人口的27%。其中，中学生占总数的70%以上，社会体育人口仅占30%。并且社会体育人口中又以中老年占绝大多数。体育设施和体育资金的投入非常重要，群众体育要实现广泛、深入、持久的发展，必须用有效的手段组织和指导体育锻炼。发展社区体育为全民健身计划的实行提供了全方位保证。社区体育的目标是贯彻执行《全民健身计划实施纲要》，普及群众体育活动的发展，以全体人民的身体体质为目标，生活质量得以提高。所以，全民健身计划的实施，要积极推动社区体育事业的发展，使社会体育组织群众化、基层化，为全民健身计划的普及服务。

信息快速发展时代下，每个国家都把确定人类未来的人口素质放在竞争的主要地位。人们的身心素质非常关键，可想而知，这是一切物质的基础和载体。[1]老龄化速度的加快，特别是老年人的快速增长，是人类新世纪发展的主要特质，也是我国21世纪面临的重大社会问题。如何既满足和改善老年人的特殊物质生活需求，又不断提高和丰富老年人的精神文化生活需求，是国家面临的重大挑战。体育作为一种养生手段，可以丰富老年人的精神生活，提高老年人的生活质量，是减轻国家老龄化人口绝对压力的系统工程之一。

经济时代下，随着人们脑力劳动的增加，体力劳动日益减少，最终导致生物结构和人体功能的退化。比如营养过高、消化过低会造成体内物质堆积过多，生活节奏快、工作压力大引发人们心理障碍和疾病，环境污染和生态环境损害会造成人类生存要求的变坏，人类健康受到严重的威迫。[2]体育运动作为预防疾病促进健康的选择，人们广泛地接受体育运动健康训练，有效地提升了人们的健康和生活质量。目前，我国城镇化进程加快，社区居民比例大幅增加。城市社区在人们生活中变得越来越重要，相当一部分中老年人生活活动中心还是在社区，所以社区体育的发展直接关乎社区居民的身体状况。

每个城市都是以政治、经济、科技、文化、教育、体育为中心，具有居住、

---

❶ 肖林鹏. 现代体育管理 [M]. 北京：北京体育大学出版社，2015.
❷ 刘婷婷. 全民健身催热运动经济 [N]. 昆明日报，2021-12-03（009）.

工作、交通、休闲等功能。城市是体育的重要载体和前提，其发展水平与城市化水平密切相关。随着我国城市管理体制的改革，城市管理将从单位制回归社区制，社区将成为21世纪居民的基本生活娱乐场所。基于地域的单元、社区体育将成为新世纪体育的重要组织形式。而且随着劳动制度改革的不断推进和物质生活水平的提高，人们的工作时间大大缩短，工作方式发生变化，周末制度的实施将增加人们的闲暇时间。开展社区体育活动，人们的休闲生活将体育娱乐和健身活动融为一体，使人们产生认同感和归属感。

各种体育活动的开展可以因人、因地、因时而适应，便于人们无时无刻地锻炼身体，使人容易养成坚持体育锻炼的好习惯，不断满足人们对体育锻炼的各种需求，人民群众不仅锻炼了身体，还大大丰富了业余文化生活，社区内部的团结得到加强，社区成员对社区的认同感有所提高，凝聚力和相互关心的意识明显增强，同时也加大了与社区和其他成员的联系，人们的集体主义理念增加，增进团结友爱，推进社会主义精神文明建设。人民群众对身体素质增长的需求，全面实现建成小康社会目标，建设健康中国的机遇和挑战，人人必须更加准确地把握发展的深刻变化。[1]新时代，全民健身不断探索和开拓新领域，使其成为建设健康中国的有力支柱，全面建成小康社会，实现全民健身国家战略，提高全民族体质和健康水平。

不同年龄段的人会选择不同的锻炼路径和方法，比如，年轻人的锻炼方式主要以学校组织的锻炼和开展的体育活动为主。中年人因为工作多，空闲时间少，所以大多选择去健身房或者去户外运动场所。一些年轻人居住的社区可能配备了运动器材，他们也可以在社区体育场馆进行锻炼。老年人选择早晚散步的人很多，早上起来锻炼的人也很多。他们对场地的要求不是很高，只需找一条开阔平坦的道路进行锻炼即可。青少年身体状况较好，可以选择篮球、足球等运动。中年人的工作和生活压力较大，身体素质明显下降，他们应选择有氧运动。无氧运动主要是一种辅助运动，如乒乓球、羽毛球、网球、健美操、瑜伽等基于网络的运动或强度不太大的运动。[2]比如，有些老年人，

[1]　赵乐峰. 群众体育发展现状及可持续发展对策研究 [J]. 智库时代, 2017（12）：93-94.
[2]　魏德祥，王健. 我国学校体育场地动态发展的特征分析——基于全国体育场地"五普、六普"的数据挖掘视角 [J]. 体育科学, 2017, 37（2）：16-27.

他们的心肺功能和身体各项机能已经退化，无法进行高强度的运动，应该选择一些无氧运动，如广场舞、太极、槌球。然而，男性和女性在选择锻炼方法和方式上有很大不同。男性更喜欢增强肌肉，提高耐力、灵敏度和协调性，可选择拳击、健身器材等运动，而女性则喜欢选择舞蹈、瑜伽、健美操和其他健身运动。

全民健身运动的普及，改变了人民群众体育消费的意识，随着我国改革开放的深入，国民经济实现了快速、稳定、持续的发展，人民生活水平有了很大的提高。在我国发展全民健身运动已成为大趋势，参与体育健身活动的人民群众，把健身运动当成日常生活的一部分，并呈现出多元化的发展趋势。一些高端的体育健身活动，比如高尔夫、网球等已成为人们热情参与的项目。因此，对体育用品的需求逐渐增加，体育消费水平呈逐年上升趋势，形成自主消费的体育理念，体育消费意识的有机变化促进了体育消费需求的增长，有效地刺激了体育供求市场的扩大。所以，人民群众认识到健康的重要性，愿意花钱买健康，全民健身运动将得到广泛普及。

## 三、提升全民健身需要媒体的引领

尽管融媒体发展迅猛，但在融媒体时代，对体育新闻的研究仍然很少，如何利用融媒体来推动全民健身的发展更是少之又少。作为综合媒体，侧重点在于传统媒体向全媒体转型，在制度的影响下，传统媒体普遍面临转型困难。即便他们试图整合媒体，加快转型步伐，但经济效率仍然是各大媒体追求的生存之路。影响融媒体的首要因素是人气方面，融媒体能获得经济利益最大原因是人气。现在人们的阅读和观看习惯都是有趣且吸引人的体育新闻，媒体面临的困境在于生存的压力增大，迫使媒体逐步进入整合阶段，仍然持续着这种信息传播的思想，很少将人力、物力投入到全民健身新闻中。❶融媒体缺乏全民健身意识，大众对娱乐性、竞技性体育新闻的关注度不断提高，

---

❶ 张堃雷．论体育新闻报道内容和形式的改变［J］．新闻传播，2018（12）：94-95.

因此，融媒体必须继续迎合大众，才能获得关注。融媒体除了传递大众体育新闻报道的信息外，还通过手机与人们互动。关注这些新闻的很大一部分人是参与者，很难吸引非参与者对其产生兴趣。这与媒体缺乏宣传全民健身的自主意识，缺乏深入研究和尝试报道更多方法有关。

绝大多数提出融合策略的媒体尚未深入了解"融合媒体"的真正含义，正在逐步探索中。媒体整合方式和手段的简化，使新闻内容产生过程中的利益和亮点难以更好地匹配，这是由人的意识和思维决定的。但在传统媒体观念转变过程中，不少媒体开始尝试参与全民健身活动的组织，策划更符合群众口味的活动，从单一的"记者"转变为赛事的"组织者"，利用比体育职能部门更广泛的影响力和亲民性，吸引一些非体育人士加入全民健身大军。活动策划更加精彩，媒体甚至借此机会吸引赞助，为自己的利益做贡献。只要手段新颖、易操作，媒体就会通过全民健身主题的体育新闻来筹备和组织活动，希望解决全民健身主题不易为广大群众带来经济效益的缺陷。

体育新闻报道与民生息息相关，媒体报道将体育政策、资金、人才、资产有机结合，为民生发展开辟了合理路径和联动动力，除了缺乏主管部门的指导和相关政策的缺失外，❶融媒体自身对全民健身新闻还缺乏重视，也没有将其提升到影响公众参与和应对全民健身新闻的层面。提高融传媒的社会义务感是宣传部和广电局的战略领导，也是融传媒领导层义不容辞的责任，全民健身国家策略的发展，是体育部门与媒体部门共同的目标。

体育赛事很多时候在数字电视、手机同时直播，使体育信息、新闻得以快速的传播，使人们的体育热情提高，将全民健身运动推向高峰。在当今网络信息化时代，传播速度很快，很多体育赛事我们可以通过手机在第一时间内得到消息，在线直接观看赛事直播，很直观地看到比赛的图片或者文字介绍和现场直播。现在人人都有智能手机，是信息的接收者，同时也是信息的传播者，体育赛事和体育新闻每天都出现在人们的生活中，极大地增强了人们的运动动力。

---

❶　阮伟. 中国体育产业发展报告 [M]. 北京：社会科学文献出版社，2014.

新媒体允许人们自己学习运动技能，而在人们学习运动技能之前，他们要通过手法老师或者教练的教导来掌握一项技能。这种方法比较传统，也比较简单。在新媒体飞速发展的今天，现代人通过智能手机，想学什么运动技能，可以在网上搜索，不到 5 秒，所有与运动技能相关的视频及文字说明就会呈现在眼前。例如，如果我想学一项有氧运动，我通常需要老师来教。❶在新媒体环境下，我只需要打开手机搜索有氧运动，就会出现各种版本的有氧运动，你也可以选择你喜欢的。版本学习大大降低了学习成本，丰富了一个人的运动技能。老师们还可以将自己的知识记录下来，与更多的人分享。许多人没有锻炼的动力，因为他们没有锻炼伙伴。一个人不想锻炼，随着时间的推移，他们失去了锻炼的热情。新媒体是互动的，我们可以在微信或 QQ 上邀请朋友一起锻炼。或者在运动后，将自己的运动过程表达出来，分享给他人，提高运动满意度。近年来，体育应用发展迅速，下载量破新高，在这些运动应用程序上，可以随时随地选择自己喜欢的运动进行锻炼。无论是工作之余还是下班回家，只要打开手机，垫上瑜伽垫就可以开始锻炼，在办公室里也能做相应的动作练习。

在新媒体发展中，全民健身将是未来全民体育发展的趋势。因为体育比赛的视频仅通过传统媒体方式传播，很难引起人们对体育运动的兴趣。现代新媒体是在传统媒体的基础上，结合数字媒体技术的发展、信息的传播和处理、新的诠释而形成的一种新媒体概念。新媒体可以随时随地直播体育视频，无法看直播也能看回放。随着科技的飞速发展和人们对体育信息的需求，人们在家运动就可以体验跑步的乐趣，就像户外跑步的感觉。

新媒体技术的应用表明，人们更渴望获取体育信息，希望与更多的体育人进行互动。人们可以根据自己的兴趣找到自己最想看的新闻。新媒体非常吸引人，无须太专业的设备和技术，也可以拥有自己的运动视频。❷在新媒体未出现之前，人们很难用简单的方式表达自己对运动的看法，但有了新媒体后，

❶ 吴磊，张新安 . 全民健身背景下定向运动与绿道体育的契合 [J]. 体育世界（学术版），2015（5）：50-51，54.
❷ 舒艳秋 . 新媒体冲击下报纸体育新闻报道策略 [J]. 中国报业，2017（1）：74-75.

可以随时随地记录自己的运动瞬间，然后将精彩瞬间编辑分享。随着科技的不断发展，5G网络中出现了多种移动健身软件，满足人们碎片化的休闲娱乐时间需求，使人们在工作和学习之余打开手机锻炼身体。与此同时，全国逐渐开始利用新媒体转播体育赛事，大力推进全民健身事业。在丰富人们运动知识的同时，也极大地提高了全民健身的积极性。因为手机的便携性，人们有更多空闲时间关注运动，了解运动健康知识，参与体育锻炼。同时，人们也有更多时间关注自己喜欢的体育赛事。

# 第三节　全民健身的基本特征与现状

## 一、全民健身运动的开展现状

实施全民健身计划是为了增强我国体育事业的公益性，结合国情发展，建立较为完善的全民健身公共服务体系。[1]这项运动计划的实施，将大大提高我国人民的身体素质，丰富我国人民的精神文化生活，进而提高人民的健康和生活水平。全民健身运动在实施过程中体现出三个基本特点。第一，自主性。由于全民健身运动在我国各地得到广泛推行，不能实行强制管理，全民健身运动具有高度的自主性，要靠人民的主观能动性来实施。第二，普遍性。全民健身运动在我国各族人民中广泛开展。在我国老年人中效果最好，健身运动已成为老年人每天必做的事情。但是，在青少年群体中的实施效果并不好，大多数青少年没有养成日常的健身锻炼习惯。第三，标准化。在全民健身运动实施中，要逐步规范全民健身技能，以达到更好的健身锻炼效果。

全国学生体质状况调查结果显示，学生体质多项指标呈现下降趋势。近年来，随着升学压力越来越大，高考学生的身体素质逐渐下降。长期以来，

---

[1]　陈竺．"健康中国2020战略"研究报告［M］．北京：人民卫生出版社，2012.

在"应试教育"的思想指导下，学校采取封闭式或半封闭式、填充式、高分的教育方式，导致学生不仅知识面窄，身体素质也很差，几乎没有终身运动的意识。升入大学以后，有些学生依然对体育有偏见。除此之外，全民健身项目并没有被学生广泛接受。对体育缺乏认识的大学生大有人在，有些学生甚至觉得每天参加体育活动会影响他们的学习。特别是女生多见，由于习惯原因不想参加体育锻炼，很多大学生对《全民健身计划实施纲要》不了解，全民健身计划宣传也不是很到位，给《全民健身计划实施纲要》的实施带来一定难度。总的来说，学校体育和全民健身教育要在高校实现全面普及，就要在完成其他学科学习的同时，重视体育运动，完成综合健身教育，培养学生的终身健身技能。

扩大全民健身计划在高校的宣传，提高学生的健身和体力意识。加大政府对高校全民健身的投入，推动高校体育进一步社会化、科学化、生活化、普及化。制定高校体能监测系统，包括高校各年级体能测量和评价指标，简单实用，学生体能指导要加强。主抓全民健身模式，以身作则，把全民健身作为物质文明和精神文明建设的重要内容。有条件的学校设立全民健身奖励基金，开展活跃的校园体育文化活动，组织各类学生自愿参加小型多样的兴趣小组、个人比赛、大奖赛等。❶笔者建议在课程中计划，增加学生喜欢的体育项目的课时比例，如篮球、排球、足球、乒乓球、跑步、健美操、羽毛球、舞蹈等项目。对女生来说，增加健美、舞蹈等符合其特点的课时比例。

全民健身计划是一项复杂、系统的群众性体育活动，是通过普通高校课外体育活动的形式来实现的，工作可控性小。全民健身计划的推行可根据国家和学校的相关规定，对所有学生进行强制性学习和要求，并按照周期的不同、阶段的不同、任务的不同。在全民健身计划实施过程中，除依据国家有关规定一定要参加的活动外，绝大部分学生和班级都自觉地参加了全民健身活动和项目。在全民健身计划推行中，按照学校实际情况出发，灵活地选取锻炼项目和锻炼方式，因地制宜、因人制宜、开展规模小、方式多样的群众

---

❶ 董新光. 全民健身大视野 [M]. 北京：北京体育大学出版社，2003.

性体育活动。**❶** 在相关人员的指导下，全民健身计划的施行，让学生自主地开展活动，养成锻炼的好习惯，实行自主组织、自主参与、自主监督、独立自主测试和独立评估。

很多人认为全民健身运动主要是对各种器械和健身方法的定义，这种观点是错误的，不可能真正贴近老百姓，更谈不上让老百姓使用。**❷** 因此，人文精神理念在全民健身运动中的渗透应该从人文关怀的角度出发，为大众提供更加完善的健身设施，从这个角度来说，应该加强对公共体育设施和体育场馆的建设，增加体育场馆的开放度，使建成的体育场馆可供公众使用，从而有效地提高体育场馆的利用率，为引导全民健身进入良性循环，造福每一位公民，为全民健身运动奠定基础。

## 二、全民健身体系亟待完善

相关部门有必要在紧密联系全面建成小康社会、解读"全面全民健身体系"内涵的基础上对这一概念进行界定。目前，关于"综合全民健身体系"的研究刚刚起步，只有"全民健身体系""多元化体育服务体系"等概念的相关定义。实际上，"全民健身体系""多元化体育服务体系"是一脉相通的。

不管是全民健身体系的界限，还是多元化体育服务体系的界限，都必须联结经济、社会和全民健身发展的实施，能满足人民身体素质的需求是全民健身体系。根据我国公共服务的开展过程和全民健身服务的执行，在经济社会发展的今天，人民对追求生活品质的思想越来越明显，比如各种健身俱乐部、健身会所等私营企业蓬勃发展，这都为人民的健身需求提供了更高水平的服务。

新型城镇化的基本任务的建设，是关系人民生活的大事，是政府执行国家计划的战略目标，实施公共服务功能，满足、便利群众的要求。新时代，

---

❶ 陈宁．全民健身概论 [M]．成都：四川教育出版社，2003.
❷ 黄恩洪．全民健身视域下高校社会体育指导员培养的"冲突"与"共融"[J]．体育世界（学术版），2018（12）：54，58.

全民健身设施不断增加，全民健身活动多姿多彩，但也存在供给模式改革滞后、管理效率低下等问题，需要对建设的必要性和可行性、建设的重点领域等问题进行思考。不断完善相关调整，整合多领域专家意见和建议，对全民健身项目规划和全民健身服务体系的建设起到积极的作用，加强创新工作思路，加大公共体育服务体系环境和保障体系建造，探索长远发展。建立良好的运行机制，加大对多部门合作机制的研究，追求建立多部门联动的全民健康促进领导和组织体系。全民健身公共服务机构管理体系的要素和每个内容元素对整个系统都有影响，组织建设管理、建设员工管理、法制建设管理、公关建设管理、基本建设管理、设计管理和硬件环境建设都很重要，但对全民健身公共服务组织管理体制的影响程度不同，它们联合组成了科学的全民健身公共服务体系。

新时期全民健身的全面发展不能单枪匹马，必须政府和社会共同管制。以人为本的全民健身保障体系要确立圆满，提高全民健身服务水平，着力培养社会各界人士普遍参与。在政府的政策领导下，依据科学的管理理念及全民健身的踊跃参与，经过多方的共同努力，形成了很大的凝聚力，保障了体育运动的平稳和长远发展，从而使全民达到长期坚持健身的目的。

全民健身保障体系是以人为本，完善体育强国建设。全民健身是一项造福子孙后代的事业，也是一项公共体育运动。为发展全民健身事业，政府必须提高全民健身管理水平，工作力度要加大，拟定有关政策法则，完善全民健身工作的制度体系。[1] 为了保证全民健身健康长远发展，必须坚持以人为本，将人民群众的利益放在第一位，坚持体育长期发展大原则。切实促使全民健身服务的平等性，使人人都能正确地参与体育锻炼。全面发展体育健身项目，促进城乡协调合作，主要体现在居委会、村委会等组织，管理好活动场地，提升全民健身工作的领导水平，做好全民健身的监督工作，激励群众积极参与日常健身运动。通过全民健身活动的开展，我国群众体育事业将实现飞跃式的发展和全面发展的目标。

---

❶ 郭庆红 . 健身运动指导全书 [M]. 北京：农村读物出版社，2012.

## 三、全民健身的内涵

### （一）发展全民体育锻炼的意识

当下人们对全面健身观念越来越重视，参加体育健身活动的人数逐步增多。我国青少年和中老年人是全民健身的主要参加者，从目前看，青少年参与健身运动的人数降低，从中年到中老年健身的人数逐渐增加。而青少年所需的运动场地和健身器材需要更加丰富齐全，老年人对场地的要求不高，对健身项目的选择要重视，要有科学的指导。[1]2016 年国务院印发的《全民健身规划（2016—2020 年）》指出，要大力推广移动互联网、云计算、大数据、物联网等现代信息技术手段。结合健身，建设全民健身管理资源库、服务资源库、公共服务信息平台，使全民健身服务更加便利、有效、精确。比如，健身跑步、慢走、自行车、登山、徒步、游泳、球类、广场舞等体育运动要大力发展，赞成发扬武术、太极拳、健身气功等民族民俗和乡村风情，积极激励发展适宜针对不同人群、不同地区、不同行业的体育赛事。

我国人民群众的体育锻炼意识亟待提高，体育锻炼的认识和态度是主动参与体育锻炼必须具备的，从认知程度上决定了他们参加体育锻炼的积极性。对每个人来说，体育锻炼的意识是自觉的，只有意识到参与体育锻炼对自己的身体素质有所提高，才能选择适合自己的健身项目。在提高体育锻炼意识的同时，还要有坚持参加体育锻炼的信心，拥有良好的体育锻炼行为，培养终身体育锻炼的习惯，需要个人有强大的精神支持。个人因素是决定体育健身运动能否长久坚持的主要原因，要坚持，有运动强身健体的理念。只有体育锻炼意识提升了，个人才能有长期坚持体育锻炼的信心。

提高运动技术水平的前提是要有积极的体育锻炼意识，有规律的、科学性的体育锻炼行为，才能不断提升运动技术能力水平。在参与体育锻炼中，只有体育锻炼意识提高了，个人科学地参与体育锻炼，才能不断提升锻炼水

---

[1]　高丽华．高校社会体育指导员培养现状与对策研究［D］．广州：广州大学，2016．

平，坚持体育锻炼形成好习惯。体育锻炼意识不仅是个人参与体育锻炼的前提，同时也是长久坚持体育锻炼行为的动力，为养成终生体育锻炼习惯打下坚定的基础。人人健身意识提高了，人们参加全民健身才有积极性，从而极大地提高人们的身体健康。

人民群众体育锻炼意识提升了，国民经济才能良好地发展。实际上，我国全民体育锻炼意识的不断提高，也需要政府和社会的关注，适时地做出调整。群众体育的发展不仅受到地域差异等自然因素的影响，人们对体育锻炼认识还不够明确，尤其是低收入人群，对身体健康缺乏重视，体育锻炼意识淡薄。❶所以要充分发挥政府和社会的宣传作用，人人都重视自己的健康，实现体育锻炼人人参与，不受地域和环境的影响，提高全民的体育锻炼意识。

全民健身的含义没有统一的规范表述，最具有说服力的定义是，全民健身以提高全国人民的力量、耐力和柔韧性，提高协调性，控制身体各部位的能力，进而提高身体素质。但这只能说是全民健身的字面解释，全民健身是社会主义建设事业和全民体育运动，是全民参与体育锻炼，人们所接受的全民健身的意义，不仅是全民健身的简单含义，更是全民健身的计划和策略。从这个角度来看，笔者认为全民健康是体育行政部门指导下的覆盖全国人民的社会民生工程，引导人们参与体育运动，形成健康的生活方式，实现提高全民健康水平的目标。同时，随着时代的不断发展，定义也在不断变化，过去，健康被定义为身体没有疾病并处于正常运转状态。世界卫生组织指出，现代健康观是指整体健康，包括良好的社会适应、身体、心理和道德健康。❷这不仅仅指疾病，还是对健康的现代科学解释。所以，人民健康从字面上理解是指所有人的身心、精神和社会适应都处于健康状态。从实际出发是国家始终更加关注人民健康，为提高全民健康水平，我国卫生部制定了健康中国战略，不仅在卫健委层面，而且在我国优越发展策略上，全民健康是建设健康国家

---

❶ 程琦元. 我国社会体育指导员制度的研究与创新 [J]. 才智，2018（19）：199-200.
❷ 郭玉江. 环境美学视域下城市健身场所建设探究 [J]. 体育学刊，2017，24（4）：46-50.

的最终目标。

全民健身作为国家战略发展，必须将其纳入国民经济和社会发展的总框架，纳入社会治理的综合体系。健康中国作为治理理念的重要组成部分，把全民健身上升为国家战略，把增强人民体质、提高健康水平作为根本目标。全民健身工作指标体系的建立，不仅关系到政府对体育和体育产业相关政策，也服务于健康中国的战略目标，有助于建立更加科学规范的大数据系统。

## （二）全民健身的发展路径

目前几乎没有关于全民健身内涵的研究，只有一小部分人分析了全民健身服务体系和全民健身公平的内涵，提出了全民健身功能、作用、特点、概念等。全民健身，即全民健身服务，是一个国家或地区，以"强身健体"来满足每一个公民应该和能够满足的生理、心理和发展需要，[1] 以促进人们身心健康的服务行为，当代大众体育已不再是传统意义上的大众体育，从身体健康来看，健康是幸福最基本的理念。全民健身建设不仅是一项全民体育建设工程，也是一项提高国民幸福指数的民生工程。全民健身运动在强健体魄的同时，还有娱乐身心、熏陶情操、焕发精神的作用，也是建构和谐社会的有力方法。

人民群众在体育场、公园、社区广场利用健身器材进行体育锻炼来实现全面健身。全国各地的农村地区降低了全民健身路径的使用率，在我国，全民健身路径的管理和维护，也就是说，健身路径所在的社区、公园，往往是健身爱好者经验不足，未将健身路径保持在原位，导致健身器材的损坏。[2] 另外，人们虽然参加健身项目的积极性很高，但由于缺少科学健身的指导，导致群众自发健身组织毫无秩序地发展，从而出现各种不文明的健身行为。有些不文明的健身行为不仅损害了他人的权益，还可能影响他人正常健身。人们选择不正确的健身方式，不仅达不到强身健体的效果，甚至适得其反，

---

❶　陈宁. 全民健身概论 [M]. 成都：四川教育出版社，2004.
❷　廖钟锋. 健康中国引领下全民健身实现路径研究 [J]. 大学教育，2018（9）：172-174.

所以，社区工作人员要管理好健身器材，还要督促人民群众正确的健身方式方法。

全民健身是一场持久战，并不是一朝一夕就可以完成的，要想实现全民健身，不仅需要政策资金的支持，还需要毅力和不懈的坚持。相关部门需要尝试整合现有资源，改善场地不足等窘境，提高全民健身路径使用率，加强正确健身、文明健身的宣传和引导工作，让人民群众真真正正地实现健身，展现个人身体体质和健身运动情况。

社区全民健身志愿服务组织的建设路径，包括社区志愿服务组织的分化、社会志愿服务点的孵化、社区健身点的改造、社区社工点的帮扶。建立社区健身志愿服务长效机制，弘扬全民健身志愿服务理念和精神，构建社区全民健身志愿服务组织体系，完善全民健身志愿服务组织党建工作，建立合理的项目运作机制，打造品牌项目推广机制，依法监管机制的完善、培训机制的完善、保障机制的完善、激励机制的完善、联动机制的完善、建立健全第三方评价机制。

社区是当今中国社会的基本单元，是城乡人民群众的生活共同体，全民健身志愿服务组织只有扎根社区，社区体育得以有效生存和发展，才能融入社会、服务社会、内生于社会，最终形成自下而上、科学合理的全民健身发展样态。社区全民健身志愿服务组织只有扎根社区，与社区建设、社会工作构成三社联动，才有助于形成共建、共治、共享、社会治理新格局。志愿服务是现代社会文明进步的重要标志，全民健身志愿服务组织只有扎根社区，志愿精神得以有效传承与传播，增强社区人民群众获得感和幸福感，才能融于社会、服务社会，内生于社会，最终形成践行社会主义核心价值观的重要载体。❶笔者建议社区人民群众健身志愿服务组织作为全民健身志愿服务工作开展的核心构成，加强组织建设、组织管理、组织运行是提升组织发展能力增质升级的根本；加强组织内部治理、造血功能、人才培养、行业自律是革

---

❶ 高国军．"健康中国"背景下全民健身国家战略实现路径研究［J］. 体育世界（学术版），2018（8）：28-29.

新组织运行能力增权升级的有力保障；加强政府支持、供需对接、公共服务购买是深化组织服务能力增量升级的有效措施。

## （三）全民健身运动体系

全民健身运动是一项非常实用的社会活动，人的主体地位的提高和社会的发展，赋予全民健身更多的时代内涵，力求在全民健身中体现人的价值，体现全民健身的内涵和现实意义。对现实意义等方面进行探讨和分析，为全民健身内涵创新提供新思路、新观点、新方法。全民健身的提出，把体育在人类进步和社会文明的本质和意义提升到了一个新的高度。随着社会物质文明和精神文明的进步，全民健身被赋予了更多的时代内涵。体育锻炼可以使身体强壮，保健可以预防疾病，体育与卫生保健相结合，可使身体更加健康。❶由此可见，陶行知的学校健康教育内容是科学的、全面的，为青少年的健康筑起了极其重要的保护屏障。

进入 21 世纪，全民健身已进入成熟期，随着网络信息技术的发展，经济全球化，人们的生活方式和行为方式都发生了变化。健康作为当前中国社会发展进程中非常重要的话题，政府部门越来越多关注人民群众的健康。综合健身不仅是社会的发展，也是社会发展过程中的一个因素，是健康中国的发展目标。人们的身体健康和生活幸福，是国家发展和社会文明进步的重要标志。只有全民实现健身，人们的精神文化生活丰富，拥有健康文明的生活方式，全民的体质、健康水平和生活质量有所提高，才能促进城市化进程的发展。全民健身全面发展，促进社会和谐文明进步，努力为建设体育强国奠定坚实的基础。全民健身是培养运动意识的终生过程，全民健身是在普遍开展群众体育工作的基础上，从我国社会主义市场经济发展实际出发，让人民群众享受到科学健身带来的实际健身效果。

国务院于 1995 年颁布《全民健身计划纲要》以来，加快群众体育社会化

---

❶　徐健. 努力打造全民健身服务惠民示范区 [N]. 宁波日报，2021-07-08（008）.

进程，研究建立了规范有序的群众体育管理体制和运行机制。在经济飞速发展的今天，依靠国家、依靠社会、服务群众。将国家、社会、个人有机结合，实现单位、社区、家庭共同发展的全民健身新格局，全民健身运营模式形成中国特色与国家改革目标挂钩。从现代化社会进程和可持续发展的角度来看，特别是信息时代的快速发展，体育在社会中的作用越来越重要，以人为本的体育核心理念尤为突出。大众体育再次进入了大发展时代，完善全民健身体系可以为体育强国做出更大的贡献。

全民健身体系建设过程中，随着实践和经验的积累，其理念和内涵也在不断地发展变化。相关部门对全民健身体系建设进行更科学、更准确的细化，使其更具普遍性，这是一项重要的理论工作。每个概念都有一定时期的经济社会发展需要反映，概念和内涵的发展变化是事物发展或认识变化的反映。❶因为全民健身体系建设需要较长的时间，是一个动态的发展过程，需要不断地调整和改革，其理念和内涵也在不断地发展变化。

全民健身体系的目标是人们对其的认知和认同，以及运动意识和习惯的建立，是全民健身体系建设的主观条件。新媒体时代下，几乎每个人都被各种媒体发送的信息所包围。全民健身体系建设必须依托各种媒体，尽可能将相关的全民健身信息传递给每一位受众。通过各种健身信息的传播，让大众更多地了解健身，认识健身的价值和意义。因此，在全民健身体系建设过程中，必须建立信息发布制度。❷该系统的建立有利于整合资源，提高沟通效率，保证沟通质量，让全民健身意识更好更快地传播开来，从而推动全民健身体系建设，尽快实现预期目标。社区可设置群众健身栏目，推广科学健身方法，引导社区健身活动。可聘请健身专家通过广播、电视等媒体开展体育健身专题讲座，可以在报纸杂志设置健身栏目，让更多的人了解和掌握科学的运动知识和方法，通过互联网传播运动健身信息，发挥体育活动的作用，开展相应的健身宣传活动，并举办各种体育活动和比赛。

---

❶ 畅欣. 我国全民健身公共服务的发展困境及对策分析 [J]. 运动，2018（18）：9-10.
❷ 董新光. 全民健身大视野 [M]. 北京：北京体育大学出版社，2003.

通过对我国全民健身服务体系运行机制的实践，我国全民健身服务体系运行机制的形势被广泛讨论。可以说不同社会阶层的人群对体育健身需要都不一样，人民群众对健康的需求呈多元化发展趋势。全面提高人民群众的体质健康水平，促进中国特色的服务卫生体系。全民健身服务体系建设以面向全国人民，能够为不同地区和不同的人群提供服务，根据人民群众对健身不同的需要，多元化的体育服务体系促进全民健身的发展。全民健身体系是一种服务保障体系，可以不断地为全民健身提供基础、基本环境和条件，满足全民健身的基本需要，提高全民健康素质。

# 第四节　全民健身的计划与实施

## 一、全民健身计划的发展

### （一）加强全民健身活动宣传

随着《全民健身计划纲要》的实施，时代需要全民健身运动，全民健身计划在提升全民身体素质的同时，在推动两个文明建设中起到很大的作用。所以，要积极采用有效措施，快速推行全民健身计划发展，主要关注广大青少年儿童。基于此，学校体育教育工作要积极努力做好，培养学生终身体育教育的理念，培育学生养成体育锻炼意识和良好的体育运动习惯，让学生充分认识到身体素质是思想建设的物质基础，安全是两个文明建设的重要内容，体育发展是社会进步和人类文明的重要标志。

目前，全民健身计划正在进一步落实，建立健全的管理制度，按照体能标准定期检测，定期公布检测结果。不同年龄、性别的人民，要根据自己的身体状况选择适合的、简单易行的健身方法，在探索和整理我国以往的传统健康强身方法中，激励人民群众踊跃参加全民健身活动。❶一定要利用好高校体育的优势，开展全民健身运动，加快高校体育运动的步伐，适应社会发展。全民健身终极目标是以运动为主，让大家从运动中感受到快乐，养成终身体育运动的习惯。高校要侧重培养学生的健身意识和兴趣，使他们养成经常锻炼的好习惯，提高自我锻炼能力，受益终生。

全民健身计划实施中要加强全民健身活动的宣传，除宣传外，还应采用多种方式，如新闻媒体的一般宣传方式。要想加大全民健身活动宣传的力度，重点宣传体育锻炼的科学性和有效性，使全民健身活动实现质的飞跃。还要拓宽全民健身活动的投资渠道，在地方政府资金投入主渠道的前提下，以多种形式筹集资金，促进全民健身活动的发展。另外，体育组织要完善，体育组织管理人员的素质有待提高，利用健身和体育工程设施开展丰富的竞赛活动，社区体育指导要加强，全民健身活动才能满足发展的需要。

体育锻炼可以提高人体的体温调节功能，还可以提高人对自然环境的适应能力，促进血液循环的同时加速新陈代谢，从而改善造血功能，身体对病毒和细菌的入侵具有一定的抵抗力。❷由此可见，体育界提倡的强身健体主要是从生物学的角度出发，通过运动来促进身体结构的改善，体能的全面发展，促进生理机能和适应性的提高，所有工作都围绕着体育和活动发展。但是，增强体质只是从生物学角度促进健康的手段，"促进健康"必须从"生理、心理和社会"三个方面来衡量。在我国现有的管理体制下，要整合卫生、教育、体育等相关部门的优势资源，决定了这是一项综合性的系统工程。

全民健身是以提高身心健康为主要目的，动员人民群众积极参加体育锻炼的群众性体育健身活动。其发展水平是一个国家体育发展水平和国民素质的重要标志。全民健身计划是人们在工作之余广泛开展的，以体育锻炼作为提高卫生水平的主要手段，以娱乐休闲为主要目的，各种促进社会物质文明和精神文明进步的社会习俗。总的来说，全民健身计划强调参与的主体是普

---

❶ 赵新芝，张沙．大众体育文化交流对全民健身计划纲要发展影响研究 [J]．当代体育科技，2017，7（5）：169-170．
❷ 姜垣，刘黎香．全面无烟是全民健康的保障 [J]．中华流行病学杂志，2017（5）．

通大众，包括各行各业、各地区的人。以提高体质、丰富娱乐生活为目标，实现健身、健心、健美等范围在校外开展形式多样的健身活动。全民健身计划是指以增强体质、丰富业余生活、调节人们的情绪为目标，以自愿为根源，无须参与严苛的训练和比赛，而是多样灵活的体育活动。全民健身计划保障全社会各类人群在生命每个阶段促进生长发育、保持旺盛精力、增强体质、改善体质、延迟机制衰老、促进身体健康，使人们的生活质量得到提高，同时满足生活需要。

秉承"以人为本""健康第一"的指导思想，我国教育改革的主题是素质教育，健康第一成为社区体育改革的主题。坚持"以人为本"，注重满足个人需求，个人素质的提高，应当是 21 世纪社区体育发展的方向。必须说明的是，21 世纪社区体育的价值强调"以人为本"，以此来满足个人需求、个人素质的提升。[1] 只有个人需求得到了满足，个人素质得到了提高，社会才会更加稳定和文明。与此同时，只有个人素质提高了，才能充分体现社区体育的社会价值，社区体育才能成为社会主义精神文明和物质文明的载体。社区体育坚持"以人为本"的理念，要切实转变观念，树立正确的健康观念，供给最优质管理和优质服务，社区将投入更多公共资源，促进社区体育全面协调可持续发展。

增强健身的传播工作，有利于提升人民对健康必要性的认知，加强人民群众的健身思想，改掉不良的生活习惯，使人民养成健康的生活习惯，拥有健康的身体。全民健身可以促进身体健康，所以要长期坚持体育锻炼。药物是解决疾病的根本，但是病医好以后，后期的体育锻炼也很重要。日常生活中人们只有养成良好的习惯，常常参与健身锻炼，才拥有足够的活力，增强免疫力，从而少生病或者不生病，达到预期的健身效果。所以，相关部门做好健康宣传工作，使人民群众的健康得以增强，健身的自觉性有所加强，才能形成人人都来参与、人人都来锻炼、人人都快乐的气氛。

---

❶ 时统君."健康中国"建设的时代意义 [J]. 产业与科技论坛，2017（14）.

## （二）体育健身全民参与

全民健身计划的实施始终伴随着全民健身宣传活动，旨在增强广大群众自觉参与体育锻炼。每年连续开展五次为期一周的"全民健身宣传周"活动，并开展一系列活动，让全民健身计划逐渐走进每家每户，深入人心，让人民群众知道珍爱健康、关爱生命非常重要。

现如今，人们参与健身的意识不断增强，参加体育锻炼已成为一种健康的生活方式和良好的生活习惯，体育锻炼不仅能提高健康，还能提升生活质量。不管是竞技体育，还是群众体育，都能起到相互促进的作用，为社会主义现代化建设作出重大贡献。

在社会文化生活中，体育能够很好地塑造人们的身体，维护人们的身心健康。全民健身观念的形成是我国社会发展的现实要求，其社会实用价值的具体途径是体育运动得到充分体现，体育与社会生活是息息相关的。❶全民健身计划的实行，推动了我国社会文化生活全面发展。肯定地说，体育文化是最具包容性的，体育丰富了人们的思维。❷

全民健康的快速发展是增强国家综合实力的重要体现，全民健康也是促进社会、经济、生态协调发展的重要标志，进一步推动了国民健康事业的广泛发展，促进了国民健康水平的全面提高。《全民健身计划纲要》正式将"健康中国"上升为国家战略，将主动开展健身休闲体育产业，明确提出改善市场生态环境，培育多元主体，引导社会力量参与建设和运营健身休闲行业，继续满足群众缓慢增长的多层次、多样化健康需求。中国卫生建设的目标是将"普及健康知识和控制吸烟、心理健康指导、心脑血管疾病防治、癌症防治等专项行动"纳入主要行动内容。通过运动、健身、医疗相结合打赢疫情防控阻击战的有效举措，健康中国战略将为健身休闲文化产业的发展带来新机遇。健身休闲文化产业的发展将开辟更广阔的资源空间。可以预见，疫情过后，我国区域健身休闲文化产业将逐步成为推动"健康中国"建设发展的

❶ 梁晓龙.当代中国体育若干基本理论问题 [M].北京：人民体育出版社，2003.
❷ 阮伟.中国体育产业发展报告 [M].北京：社会科学文献出版社，2014.

核心产业，以谋求健康休闲文化产业的新型体育产业形式，休闲文化产业服务享受健康。● 所以，要加快发展区域健身休闲文化产业，使健康中国建设快速发展。

我国体育产业的重要组成部分主要体现在全民健身，全民健身也是建设体育强国的重要组成部分。特别是 2019 年国务院办公厅印发的《关于促进全民健身和体育消费推动体育产业高质量发展的意见》《国办发（2019）43 号文件》，推进了加速发展健身休闲文化产业的新政策，进一步丰富和完善区域健身休闲文化产业发展，扩大区域规模。在新技术、新产业、新业态、新模式发展地域健身休闲文化产业市场，促进有关产业消费升级高质量发展。深度融合地域体育旅游业和医疗健康业，改善地区健康休闲文化产业环境，地区健康休闲文化产业市场新形式要符合群众的需求，● 使全民拥有美好的生活，地区旅游业发展，国民经济水平大幅提升，特别是人民生活质量和生命质量明显提高。新时代全民健身新发展的高质量需求，需要更多的经济支撑，发展区域健身休闲文化产业，以全民健身引领产业新发展，促进地区经济、社会和生态效益均衡的发展。

积极发展人民群众慢跑、篮球、足球、散步、广场舞、游泳等体育项目，多宣传好的体育项目，督促人民群众踊跃参与，利用互联网高科技技术，如"科技 + 体育"的运用，依靠互联网、大数据、5G、人工智能等新技术，改进以往全民健身的组织模式，并举办项目宣传活动实现各类人群在线活动。鼓励人民群众积极参与健身活动，根据自身情况选择线上或线下模式。

## （三）全民健身计划持续性发展

全民健身计划是一项兴国的、长久的工程，所以全民健身计划目标体系一定是可持续发展的。在设计与实施方面不能操之过急，否则阻碍全民健身

---

● 韩会君，黄晓春. 新时代中国体育的功能定位与历史使命 [J]. 广州体育学院学报，2017，37（6）：1-4.
● 费腾. 浅析我国体育经济的发展 [J]. 环渤海经济瞭望，2018（10）.

后计划的设计与实施，最终导致全民健身后计划目标体系的滞后。从实际来看，全民健身前计划目标的运作是正常的，具有畅通性、可衔接性、可进级性的特点，保障了全民健身后计划的设计与实施。

全民健身计划的目标体系没有按照轻、重、缓、急原则依次排列，难以把握和突出操作的重点和难点。目标系统中子目标的排序具有重要的指示和引导作用。在目标体系设计中，要按照关键指标、弱指标、新指标的逻辑顺序进行排列组合，以表明每个指标都在目标体系中。❶ 文件中的准确定位，使执行者能够在资金和人力投入方面加强或做出选择。

全民健身体系只有适应社会需要，以国家发展大局为根本指导方针，才能说是具有中国特色的社会主义体育健身事业，只有真正提高人们的体质，才能促进社会的全面发展和进步。全民健身体系的核心目标是增强全体人民的体质和健康水平，其主要目的是组织人民群众积极参加体育健身活动，增强身体，以强国为根本。提高人的身体素质，是学校体育和社会体育共同完成的一个目标。只有把学校和社会的各种力量结合起来，增强每个人的体质，才能实现体能活动的双向效应，不能简单地理解为体育锻炼，还应包括体育教育、体育休闲、体育娱乐等愉悦的身心活动，身心健康是一个民族坚持不懈追求的目标。

实施全民健身必须坚持运动意识教育，即积极参与健身运动的自觉性。只有树立健身意识，健身的意义才能被深刻地理解。推动自身的运动和自觉行为，才能使青少年养成终生锻炼的好习惯。树立社会责任感，体育锻炼的目的让学生明确，体育锻炼的意义让每个学生都知道，只有做好体育锻炼，才能提高体质，丰富个人生活，促进社会发展。鼓励学生迎接新世纪的挑战，强身健体，完成社会主义建设的新任务，自觉锻炼，提高对社会的责任感。

体育锻炼必须具有主观能动性，自觉树立参与的意识。如果运动的含义不明确，即使强行锻炼，也得不到好的健身效果。只有让每个学生真正认识到健康的身体是奋斗的资本，运动为先，才能坚持健身运动，达到健身的效

---

❶ 张文栋，杨则宜. 实用体能训练营养学 [M]. 北京：人民体育出版社，2014.

果。体育锻炼不是随意的，而是根据人体的不同发育情况和不同体质，科学制定锻炼方法，选择合适的锻炼内容，有效增强体质。如果盲目随意地去做，不遵循人体的适应性原理，不注意科学的锻炼方法，难免会适得其反。

全民健身计划的推进，推动了体育产业的发展，适应社会主义市场经济体制改革的需要。遵照市场经济规律，积极地与市场经济接轨，踊跃与经济协调发展。[1]深入开展全民健身活动，提高了人们物质文化生活水平和体育活动的参与度，人们对体育锻炼的方向和行为有了很大的变化。更深刻地意识到健身娱乐的价值，更加自觉自愿地通过运动锻炼来打造健康的身体，将体育锻炼作为生活中必不可少的一部分，健身健体的同时娱乐了身心，业余文化生活也大大丰富。这有利于提高文化消费比重，改善国民消费结构，促进体育用品生产和消费快速增长，拉动和带动和体育相关产业的发展。

全民健身计划是在国家统一领导下，在社会各方面支持下，使全民都参与的健身计划，颁布的主要目的是使全民的身体素质得到提高。政策的实施一定要结合新时代路径目标，保持建立以人民为重心的体育服务理念，即想人民所想，解决人民群众的实际困难，坚持以人为本的原则。大力宣传体育，让人民群众过上健康幸福的生活，使人民群众的身体素质得到全面提升。为人民群众的需求和利益着想，切实处理好人民群众最关心也最现实的体育参与问题，体现了我们党全心全意为人民服务的宗旨。

## 二、全民健身计划的规划

我们应站在全民健身计划实施历史的节点上，在《全民健身计划纲要》的指导下，制定全民健身计划的规划，在规划中应认真解读我国抵达年"全面跨入小康社会"的政治、社会、经济的各类指标，选择与此指标相辅相成的全民健身目标指数，形成"目标集"，使全民健身计划始终围绕着"全面跨入小康社会"的总目标来实施。在全民健身计划的规划中应增设目标最优

[1]　王娟，谢瑞深.《全民健身计划（2016—2020年）》推进群众体育服务供给的发展[C]//.2016年全国体育社会科学年会论文集，2016：54-57.

控制设计，使其参数尽可能地数量化。[1] 对于一个给定的动态目标系统，预期设定这样一个"控制器"，即：使得全民健身目标系统的某种性能指标在状态转移过程中尽可能好地抵达目标，实现目标的最优控制。全民健身计划是一项宏伟的、复杂的系统工程，目标系统设定以后，需要强化目标的控制功能，以不断地修正目标，以及调适偏离原定目标的行为。

首先，全民健身的目标必须在对象、要求和时限上是明确的，而且经过努力是可以实现的。其次，全民健身目标系统要具有目标的可衡量性，要设置明确的考核指标和考核标准。全民健身的预期效果目标是希望能达到预先确定的，在全民健身目标体系设计中，要慎重估计未来形势、可能遇到的困难和障碍，加强对不可预见的偶然因素的研究和规避，特别是在制定长期战略目标时要高度看重策略远见，不打无准备之仗，要制定相关的救急方案，防止组织长期目标在执行中因缺乏远见而终止。

在全民健身目标的具体发展时期，由于侧重点不同，应将全民健身目标体系分为初级和次级。假如组织目标的轻重缓急不区分，管理的时候就无法把握主要矛盾，使管理资源浪费。而全民健身目标体系的几个子目标体系并不是一成不变的。[2] 由于外部环境的变化很可能使原来的主要目标变成次要目标，而原来的次要目标也可能变成主要目标。所以必须要加强全民健身目标控制反馈体系建设，加大对目标的跟踪反馈力度，使目标能够随着环境的变化做出相应的调整和修正。

全民健身的目标还要考虑到每个地区的经济文化发展的不平衡，因此会有很多不协调的地方。比如有些目标不合适，有些不切实际的验收评价指标等。基于这些矛盾，相关部门在制定全民健身目标体系时，需要尽可能在多个目标之间做出综合平衡，以协调多个目标之间的矛盾和冲突。

体育锻炼所需达到的实际效果是要科学健身，否则即使参加了体育运

---

[1] 尹文芳. 我国全民健身计划在国际大众体育背景下的发展探微 [J]. 当代体育科技，2017，7（2）.

[2] 付百胜，周超群. 全民健身计划与社会体育指导员制度联动发展研究 [J]. 赣南师范学院学报，2015，36（3）.

动，也不会达到很好的锻炼效果。现代人运动都比较随意，追求健身只要不伤害到自己的身体就行，健身通常长期坚持运动才能达到康复的效果，所以说要有科学健身意识和科学健身素养。加大全民科学健身教育，培养科学健身素养的重要性是非常重要的。《全民健身计划纲要》对此积极响应，高度重视科学健身问题，将"全面提高科学健身素养""增强健身意识"作为目标体系的内容，实现全面发展。促进全民科学健身素养，加强科学健身指导，提出科学健身新思路、新方案。

科学健身教育要加大力度，提升科学健身素养，使人民群众在掌握科学健身知识的同时，还要掌握科学的健身方法，确立正确的科学健身理念。是人民群众体育锻炼的需要，也是我国全民健身事业的进步和高质量发展的需要。健身产业发展水平的指标不再只关注体育参与者人数的增加和规模的扩大，而是重点关注体育参与效率和质量的提高。[1] 要坚持以人为本，全民健身科学指导思想，全民科学健身意识的提高，使全民健身科学快速发展，参与全民健身的人数与效率要科学化，推动新时代全民健身的深入发展。《全民健身计划纲要》的提出和实施，对提高整体素质，树立科学文明健康的生活方式，使竞技体育与群众体育共同发展，推动国家建设事业具有积极的作用。也为我国体育产业的发展指明了方向，在指导我国群众体育发展方面，推进体育理论建设具有重要的意义。全民健身使人民群众体质增强，健康水平提高。国家综合实力大大提升，充分体现了国家的繁荣富强，所以说健康就是幸福，健康就是力量。

通过实施全民健身计划，人们对体育和全民健身有了新的认识，人们都知道通过一定的体育锻炼可以提高身体素质，还可以丰富文化生活，不但促进了社会交往，还推动了全民健身事业飞速发展，为国家的健康做出贡献。

---

[1] 钱文军. 对市场经济条件下全民健身计划的现状研究 [J]. 南都学坛，2001（3）.

## 三、全民健身方案的实施

相关部门在实施全民健身方案时，要把健康放在首位，以健康为源头，全面落实健康优先。健康优先发展战略引领竞技体育与全民健身的协和发展，促进竞技体育对全民健身的引领作用。健康优先为核心从多方面表现全民健身相关政策与健康中国相联结，全民健身各项具体内容政策要落实到位。❶在政策议题上，如果涉及保健、建设等多个范畴，健康要优先纳入体育政府组织制定的各项政策议题中。而在全民健身事业发展中，要消除不规范的状态，实现监管、管理到位。

健康中国战略的实施，原则上是坚持健康发展优先为目的，充分强调全民健身对增进人民健康的积极意义。所以，在全民健身战略实行中，促进全民健身，是推动健康中国建设的必然需求。健康中国的理念是深入引导体育政府机构改革，实现由政府主导，全社会共同参与的管理模式。政府职能的核心是妥善处理好政府、社会、市场三者之间的关系，深化健康优先理念，全面推进全民健身社会化和市场化。❷政府部门的职能是创新全民健身管理体制，提高政府公信力和执行力，调动社会和市场力量，实现推进全民健身战略的发展，全民健身投入力度加大，保证全民健身实施计划顺利完成，使人民群众都在健身中拥有健康。

社会组织开展志愿服务，以政府为导向，实现全民健康为目标，扩大各级社会组织提供健康服务，开展健康课程、保健等一系列活动。政府以提供更多更好的健身知识服务于人民群众，实现健康产业与全民健身产业共同发展，全民健身产业是以身体健康为目标，在追求心理健康的基础上，能保持心情愉悦、健康积极的生活。健康产业是以健康为核心，也是全民健身产业未来的发展方向，两者协同发展，是互助、共荣、共存的有序合作，实现双赢的发展模式。

---

❶ 全粤华，文嘉敏. 全民健身视角下智能体育发展的研究［J］. 运动精品，2018，37（4）.
❷ 李相如. 论全民健身战略的国家发展地位［J］. 南京体育学院学报（社会科学版），2016，30（5）.

　　将全民健身计划纳入国民经济和社会发展整体规划，实现群众体育与竞技体育协同发展的目标，有利于全面提升全民身体素质，加强领导，统筹规划，切实加大宣传力度。以全民健身为目的，提升全民体育健身意识，使全民健身水平有所提高。全民健身工作是社会主义精神文明和物质文明建设的重要组成部分，体育的发展水平代表了社会的进步，只有认真贯彻落实体育法律法规，有计划地加大实施社会体育监督力度，才能使群众体育工作井然有序开展。学校要加大对学生体育竞赛的组织管理，在群众体育竞赛中，以群众性、健身性、趣味性和科学性为主。充分发挥群众体育活动中的重要作用，逐步形成社会化的全民健身网络。

　　全民健身是实现人民群众强身健体、健康生活的保障，也是每个人享受幸福生活的最基本保障。加大宣传力度，提升全民健身意识，推动全民健身在更高水平上发展，推动健康中国建设的发展，以完善倡议健康新观念，使人们的健身意识有所增强，人们的健身热情被激发出来，以全民健身事业的发展促进健身活动的开展。[1]体育运动不只是体育锻炼那么简单，更能体现人们的精神方面。要想加强自我健康管理，宣传健身的效果，全面普及健康知识，不仅把健康作为个人发展，还要适应社会发展的基本目标，强身健体在促进健康发展中起到很好的作用，健康文明的生活方式，以运动为主，坚持健康生活理念，形成以体育锻炼为基础的健康生活方式，促进健康的发展，有效提高人们的健康水平。

　　开展全民健身活动，激励人民群众积极参与体育活动，使我国体育人口有所增加，推动体育社会化发展。随着体育锻炼科学知识的普及，参加体育运动的人数越来越多，人们对体育意识增强，对人民群众体育锻炼方法有所了解并掌握，促进群众体育规范化、科学化发展。进一步促进全民健身，使人民群众逐步养成自觉锻炼的好习惯，号召体育运动人人参与，为国家终身体育事业发展奠定坚定的基础。

　　全民健身在体育设施建设中有很好的推动作用，大大丰富了群众体育的

---

❶　于永慧. 健康中国：全民健身工作的评价指标体系研究［J］. 体育与科学，2016，37（4）.

活动内容。体育场馆是开展群众体育活动的重要场所，也是全民健身必需的设施。通过开展全民健身活动，提升全社会对体育设施建设的认知，充分利用社会各界对体育的热情，将体育场馆设施建设和城市建设统一规划，以休闲、娱乐、生活等设施来满足全民需求。体育场馆设施的增加丰富了人民群众的生活，健身娱乐活动项目增加使人民群众体育活动种类齐全❶。加大健身方法的普及，使群众体育的内容更丰富，从而实现群众体育多元化发展。

全面促成小康社会的目的之一是实现全民健身，其意义就是让人民群众身体健康，表现在人的身体素质和精神面貌上都达到健康的标准。身体健康是人民群众的共同心愿，如果人人都没有健康的身体，中华民族伟大复兴的目标是很难实现的。❷国家各项事业正在突飞猛进地发展，为了提高健康中国建设，使人民群众的生活水平得到提升，党和政府部署了战略目标，拟定并推行了《全民健身计划纲要》，健康梦是中国梦的重要组成部分。实现中国梦的主要支柱是建设健康中国，也是新时代创建中国梦的主要发展措施，建设一个健康的中国是党、政府和全体人民的共同愿望。

全民健身活动的发展，经过全社会的普遍参与，经过比赛和交流，经过连续的锻炼，克服自身和外界的各种困难，树立团结和友谊，互助合作的集体主义观念和文明、礼貌、公正、守法的社会风尚。深化民主意识和法制观念，培养竞争精神和进取意识，以及勇气、坚韧、毅力、果断等优良品质。激励丰富业余文化生活，建立健康文明的娱乐方式。全民健身活动由于参与人数多、覆盖面广、传播速度快，足以吸引不同年龄、性别、民族、层次的社会群体和个人积极参与。在沟通技巧、加深了解、增进感情、促进团结、增强凝聚力方面都有很好的体现。还可以引导人们通过高尚、健康、积极的运动、娱乐休闲活动来丰富自己的休闲生活，使人们在锻炼过程中，强身健体，消除疲劳，调节精神娱乐休闲，放松心情、培养气质、增长见识。因此，科学、健康、合理地利用人们的空闲时间，可以抵当社会上一些消极的、落后的、

❶ 肖林鹏 . 现代体育管理 [M]. 北京：北京体育大学出版社，2015.
❷ 刘国永 . 中国群众体育发展报告 [M]. 北京：社会科学文献出版社，2014.

颓废的消遣、娱乐和风俗习惯。这有利于促进社会稳定，对形成积极、健康、文明的社会氛围具有积极意义。

全民健身以人为本的政策是实现人人健康，人民群众时刻保持着健康。我国将打造卫生服务产业和卫生消费市场，其真正目的就是实现"全民健康社会"，国家以实现全面小康社会，在小康发展的道路上，为了更好地提高人民的生活水平，满足人民群众的需要，实现经济和社会的全面发展，要以物质文明、政治文明、精神文明和生态文明的共同发展为目标，使全国人民群众都过上富裕的生活。❶ 我国未来发展模式是从理性观念到价值理性观念的转变，促进全民健康的全民健身服务体系，不仅是适应我国整个小康经济社会环境的当代体育健身发展战略，还能保证体育健身资源得到充分利用，使人民群众都能享受到体育健身服务，提高全民健身水平。体育管理体制的改革不仅满足了人民群众追求高层次健身的需要，还大大提高了人们的生活质量。

## 四、全民健身促进体育产业发展

随着全民健身运动的蓬勃发展，人民群众参与体育健身活动的热情日益增大，体育消费的理性意识逐渐增强，由于我国大众体育具有民族性、多样性、休闲性、娱乐性的特点，形成全方位、内容丰富的体育消费市场，不仅体现了民族特色，而且拥有广大的消费群体，为我国体育产业的创新发展创造了良好的条件，提供了基本保障。❷ 所以，要充分发挥全民健身运动对我国体育产业发展的带动作用，体育产业的经营理念得到转变，发展思路有所调整，以此来满足人民群众体育消费的需求，构建有中国特色的体育产业发展体系，既是全民健身视野下我国体育产业发展的必然趋势，也凸显了时代性和创新性的鲜明特征。

随着全民健身的普及，人民群众参与体育健身的需求有所改变，这就要

---

❶　郭曼，徐凤琴 . 我国公共体育服务标准化建设的保障机制 [J]. 体育学刊，2017，24（4）.
❷　阮伟 . 中国体育产业发展报告 [M]. 北京：社会科学文献出版社，2014.

求在调整我国体育产业发展思路时应遵循适应性发展原则，以确保体育产业的发展，能够满足人民群众的消费需求，实现我国体育产业发展理念的不断创新和完善。通过全民健身计划的实施，不仅促进了我国群众体育的发展，而且推动了群众体育消费群体。在全民健身视野下我国体育产业发展的调整，应以保证实效为基本原则，即满足全民健身的需要。

在全民健身发展理念的视野下，调整我国体育产业发展战略，要适应大众体育消费的需要，在体育产品开发方面做出必要的调整，及时创新产品研发，树立新产品开发理念，以满足大众体育消费的需要为首要目标。在全民健身运动大众化的社会背景下，发展群众体育项目呈现良好趋势。❶深入开展群众体育活动，开发和设计符合大众体育消费需求的体育产品，是当前我国体育产业发展的主流。

为适应社会发展的现状，体育产业呈多元化发展趋势，随着我国经济建设的持续稳定发展，体育产业产值不断攀升。调整新形势下体育产业发展思路，构建多元化发展取向的体育产业发展体系，这需要对体育资源进行有效的开发和整合，设计符合我国大众体育消费需求的体育产品和新的体育休闲内容，为群众体育康复服务，为实现我国体育产业多元化发展目标奠定坚实的基础。

全民健身促进了体育产业的发展，随着我国经济的发展，人民收入的提高，再加上人们的健康意识增强，体育产业的市场将继续扩大，全民健身将促进体育产品和服务的发展。当人们参加体育活动时，人民群众会购买体育用品，随着健康意识的提高，参与健身的人群逐渐增加，推动了体育产业的发展。全民健身运动要求科学的健身方法，不仅仅局限在体育场馆进行锻炼，锻炼可以随时随地进行。全民健身推进了我国体育事业的发展，开展全民健身运动将成为促进体育产业快速发展的重要措施。

我国体育产业组织体系的构建，还应突破计划经济体制下体育健身活动的封闭模式，极力培育既懂体育又懂经营的体育人才，完善体育管理人才市

---

❶ 陈竺．"健康中国 2020 战略"研究报告 [M]．北京：人民卫生出版社，2012．

场，使体育迅速走向产业化道路。在体育产业市场化运行机制下，体育人才既要了解体育的发展规律，又要了解经济的运行规律。利用多元化资本开辟集资途径，在发达国家体育产业发展过程中，没有科学的资本运作，现代体育产业就不可能高速发展。❶ 实际上，我国可以提倡多元化资本进入体育产业经营，通过资本运营优化体育资源配置，提升我国体育产业原有的投资体制和运行机制，这样可以使我国体育产业市场化加速发展。体育产业的发展必须有一定的相关政策支持，体育行政部门可以更深一步地加快体育产业的市场准入标准，主动指引、驱使和帮助各类企业为群众提供体育服务。我国的体育产业必须完善相关的法律法规，依法管理才能促进体育产业健康、规范发展加强体育市场管理。体育产业的快速发展，必须培养优秀的专业人才，因为从事体育产业需要了解体育专业知识，按照市场发展规律，实施体育产业的有效经营管理。

体育健身锻炼不仅可以提高人们的身体素质，还可以让人们在锻炼的过程中保持愉快的心情，使人们得到精神享受。加强对健身运动的宣传很重要，使人们意识到身体健康的重要性。这将提高人们对体育运动的热情，积极参加体育锻炼。并且在全民健身事业发展中，开展社会公益活动，不仅锻炼了人们的身体，还能使体育产业商业化，促进体育产业发展。❷ 体育产业要向好的方向发展，人人都要跟上时代发展，增强全民健身运动，保证全民健身和体育事业的共同发展。制定与时俱进的体育产业发展理念，坚持依法治国，为体育产业设定适当的目标，满足不同消费者的不同需求。

全民健身对体育产业发展的重要性源于人类对健康的需要，经济发展离不开人类的需求，体育产业与经济密切联系在一起，经济的发展为体育事业的发展提供了必要的物质基础，从而促进了经济的快速发展。随着社会的发展，体育的经济功能越来越强大，带动了体育产业的繁荣，促进了经济的快速发展。实现全民健康是国家综合实力的重要体现，是经济社会发展的重要

---

❶　阮伟．中国体育产业发展报告［M］．北京：社会科学文献出版社，2014.
❷　钱文军．对市场经济条件下全民健身计划的现状研究［J］．南都学坛，2001（3）.

标志，全民健身将成为推动体育产业发展的动力。

随着我国体育产业的发展，全民体育需求和公共服务水平不断提高，体育消费与发展体育产业的关系日益紧密，体育供给改革思想逐渐融入其中。满足人民群众的基本体育需求关系到民生的发展，陆续提高体育公共服务水平至关重要，通过政府的作用促进人民群众的健康，同时激发人民对体育参与的兴趣，培养人人参与体育的习惯，从而促进体育消费市场的形成。相关部门要知道人民群众的体育需求，避免体育公共服务中出现供给单一的现象，根据人民的健身习惯，传统体育和现代时尚体育共同推广，公共体育服务供给要满足人民群众对体育的需求。

# 第二章　全民健身与健康的价值

## 第一节　全民健身与健康

### 一、健身锻炼增强体质健康

全民健身不仅能增强人们的体质，还是健康生活的保障。随着国家战略的提出，全民健身的基本内涵发生了一定变化。环境卫生是全民健身活动顺利开展的基本保障，环境卫生包括自然环境和社会环境，主要是由国家投资兴建的全民健身设施、健身健康政策、健身组织和健身设施等。全民健身在指导和健身活动方面起到重要作用，也是全民健身活动的组织者和推动者。

全民健身的最终目的是实现身体健康，包括身体健康的客观水平和心理健康的主观水平。例如，生活的满意度、幸福感或者不幸福感。身体健康主要指人的身体素质好，运动能力强。[1]心理健康主要指具有良好的社会适应能力、积极的认知能力、情绪能力、意志行为能力等状态，具有正常适应社会的能力。所以，全民健身在心理健康方面也发挥着一定作用，这将为经济和社会的健康发展提供最重要资源。

体育的最终目标是全面发展健康，健康已成为实施惠民政策、保障民生、调整产业结构等一系列发展理念的立足点。体育社会化进程的不断推动，人们对身体素质的要求越来越高，在一定时期内，会出现参与体育项目、发展目标等多种发展趋势。所以，促进健康对于体育事业的发展是非常重要的，

---

[1] 许汝霞. 依法治国背景下全民健身法规建设论析——以广场舞为例 [J]. 四川文理学院学报，2017，27（5）：62-66.

同时也是对全民健身的机遇和挑战。我们应该更准确地把握新时期全民健身发展的内涵，实现全民健身，增强体质。

体育的社会整合、文化发展效应，主要体现在人民生活质量方面，所以，健康政策的实行将在全民健身活动的调查和分析中，以及我国居民的全民健身战略中发挥主导作用，体育锻炼是不分年龄、不分群体的一项运动，主要目的是促进人民群众的健康。全民健身拥有很多种不同的健身方法，现已成为人们提高身心健康，追求高质量生活的最佳方式。健康促使人们从亚健康走向健康，从不良的生活方式走向健康的生活方式，自身体质有所增强。

体能锻炼对人脑和神经系统各部位的生长和发育起到很大的作用。[1]体育锻炼可以提高人脑的工作效率，从生理学的角度来看，人的记忆能力与脑疲劳有很大的关系，而脑疲劳与脑能量供应是有直接关系的。大脑的能量供给主要是指能量物质和氧气的供给，所以保证人正常有效地工作，必须为大脑提供充足的氧气。长期进行体育锻炼，不仅可以增强循环系统功能，还能促进呼吸系统功能，这两个系统在全身的能量和物质供应方面发挥着非常重要的作用。运动可以增加肺部的通气和提高心脏泵血能力，这样氧气和其他能量物质就可以随着血液流向大脑，因此体育锻炼可以增强大脑功能。

## 二、推动全民健身与健康

健康中国是深化体育管理体制改革的理念，众所周知，竞技体育和大众体育是国家战略的目标。在实施健康中国战略时，坚持以健康发展为主的方针，充分发挥全民健身计划在促进人民健康中的积极作用。所以，实施全民健身战略对促进全民健身建设是非常重要的。以全民健康为目标，促进国家卫生管理体系和国家卫生产业现代化协调发展，倡导国家卫生产业以身体健康为基础，追求心理健康和积极的生活方式，从健康中获得幸福。[2]健康产业

---

[1] 赵超. 大连市居民参加广场健身的现状调查研究 [J]. 才智，2016（10）.
[2] 查圣祥，张立敏，刘东升. 我国体育产业与健康服务业融合发展研究 [J]. 体育文化导刊，2016（9）.

的核心是健康，也是全民健身产业未来的发展方向，两者可以协调发展。协调、同步、共同发展以全民健康为目标，实现互利共赢发展模式，深化全民健身管理体制改革，促进全民健身管理体制现代化的有序合作。

人们在社区日常健身活动中，仍然缺乏科学的指导，使自身的健身活动显得盲目，这必须在专业的指导下才能找到适合自己的健身锻炼方法。在社区加强社会体育指导员的组织建设也很重要，积极督导社会体育指导员进入社区、学校和人民群众锻炼的地方。提倡社会体育指导员为基层服务，充分发挥社会体育指导员在开展全民健身活动中的作用。通过全民健身运动，可以增强人的免疫系统，对促进人民群众健康有一定的作用，在对人民群众情绪和塑造良好的人格方面也有很大的作用，更有利于人民群众身心健康发展。在社会经济快速发展中，有关部门对全民健身运动的实施提出了更高的要求，也加大了宣传力度，提高了实施效率，不断将人文精神渗透到全民健身运动中。

实现全民健身是建设健康中国的战略基础，在全民健身中人民群众的生活水平显著提高。为了实现健康中国的全面发展，全民健身与全民健康在理论上是相同的。[1] 只有参与锻炼，身体才能健康，长期地坚持体育锻炼可以促进人体的生长发育，使人体免疫力和机能得到提高，不仅减少疾病的发生，还能延缓衰老，增强体质。自从全民健身战略实施以来，体育部门不断深化改革，在探求全民健身与全民健康的管理体制机制方面，以全民健身方式方法为主，引领全民积极参与健身运动，对体育服务设施建设高度重视，更新公共体育服务基础设施。为广大群众参加全民健身创造和提供良好的服务条件，使全国人民真正从全民健身中获得身心健康。

## 三、体育文化促进全民健康

通过引导、自我修复、创新发展，健身休闲文化产业将建立起完善的区

---

[1] 赵世珍. 中美全民健身国家级文件比较研究 [D]. 徐州：中国矿业大学，2018.

域，健身休闲文化产业公共服务体系机制有所保障，形成区域健身休闲文化产业市场主体。❶区域健身休闲文化产业的发展水平得到进一步培育和提升，休闲文化产业治理体系和治理能力建设，将加快推动区域健身休闲文化产业的高质量发展，为大众创业和创新提供新的发展平台。实现以人为本，改革创新，依法治国，全面协调发展。不断提高社会、经济和生态效益，优质发展区域健身休闲文化产业。为建设健康中国的体育智慧和体育实力做出贡献，加快实现建设健康中国的战略规划和发展目标。

体育文化的价值在于焕发民族精神，竞技体育逐步国际化，国家在竞争体育方面仍旧坚持旺盛，可以弘扬民族精神很重要。体育作为民族振兴的动力，对发扬民族精神、提高民族价值有重要作用。❷一场重大国际盛会的成功举办，在提升国家知名度的同时，还向全世界展示了国家的独特魅力，为国家经济的腾飞和民族的富强提供无价的精神动力。也展示了我国竞技体育的应有水平，不仅向全世界传递了民族精神，还发扬了体育文化，同时展示了高科技时代的发展与进步。

体育锻炼不仅丰富了人民群众的精神文化生活，还推进了体育文化建设，既满足了人们的精神需求，还提高了人民群众的生活质量。新时代的快速发展，改变和提高了人民群众的生活水平，精神文化生活也得到了满足。通过一定的体育锻炼和体育文化熏陶，追求一种身心愉悦、身体健康的精神理念。体育文化对社会产生了积极的作用，人民群众的文明素质大幅提高。在全面提高体育文化知识的同时，宏扬体育精神，不仅大幅促进人民群众的体质健康，还使人民群众在精神方面得到了快乐。

健身休闲文化产业不仅实现全民健身，对实现健康中国战略也起到重要的推动作用。全面提高人民群众的身体素质，使人民群众的健康生活水平和生活质量有所提高，也是实现中国梦的重要途径。当前，人民群众健康体质和健康水平的下降，直接影响着中国梦的实现。❸例如，大众创业在一定程度

---

❶ 张旭. 体育文化与全民健身 [M]. 长春：吉林文史出版社，2017.
❷ 欧阳斌，张建中. 体育文化学 [M]. 北京：科学出版社，2013.
❸ 姜同仁. 新常态下安徽省体育产业发展研究 [M]. 北京：经济科学出版社，2015.

上受到了阻碍，创新目标在全民健身和"健康中国"国家战略中也受到了影响。健身休闲作为辐射面广、功能强大的区域性文化产业，应抓住全民健身与健康的机遇，把国家战略需求作为国家卫生事业深度融合发展的切入点，推动健康中国建设的发展。

增强全民健身意识，促进全民健身在日常生活中的参与，积极引导群众树立健身防病的健康认知，促进健身健康科学的普及，科学传授健身健康知识。特别是加强对青少年的思想教育，使他们真正认识到健康观念的正确性和重要性。

# 第二节　全民健身推动健康的发展

## 一、全民健身战略的实施

在体育行政部门领导下，全面贯彻落实全民健身的有关政策法规，是一项覆盖全体公民的大型社会民生工程。通过全民健身公共服务体系建设，人们的健康生活方式需要引导和支持，以提高和增强健康为目标。全民健身是一种以促进健康为主要目的的体育活动，全民健身的精神要求是实现全民健身计划。全民健身是指全国人民不分性别和年龄，通过运动锻炼来增强体力，增强身体的柔韧性和身体耐受力，从而改善人民的健康状况、生活方式、生活环境和保健服务。因此，全民健身应促进全民健康的发展，通过全民健身实现全民健康。

体育运动可以促进人体健康的全面发展，还可以促使人的身体、心理和社会的适应性。所以，体育运动是身体健康的根本，运动有增强体质、促进健康的直接作用，运动还能强化骨骼和肌肉，在增强身体健康的同时，对调节人的情绪起到一定的作用。❶体育锻炼可以使个人拥有良好的身体，而且可

---

❶ 闫万军．运动锻炼的科学原理与方法［M］．延吉：延边大学出版社，2006.

以使他们在健身活动中更好地融入社会中，建立人际关系。比如公司组织的体育活动，体现出团队的凝聚力，所以，国家在社会体育管理和治理方面起到很好的作用，促进社会和谐发展。

构建全民健身与全民健康相结合的社区服务模式，有利于促进社区居民参与全民健身和健康，有利于推广服务项目、提供服务和服务绩效评价，是居民健康与健身服务的准确衔接。健康需求有利于社区人民健身和全民健身的协调，建设整合公共卫生的服务队伍、服务资源、服务设施和服务产品，逐步建立城乡全民健身、全民健身相结合的社区公共服务体系，实现城乡服务均等化，构建全民健身与全民健康相结合的社区服务模式。全民健身与全民健康相结合的社区服务组织建设要加强，建设和完善全民健身与全民健康相结合的社区服务组织，将政府各部门整合并扩展到社区。整合全民健身和全民卫生服务项目及服务资源，促进社区服务事业的快速发展。

扩大全民健身与全民健康相结合的社区服务有效供给，推进全民健身与全民健康相结合的社区公共服务均等化。为社区所有人民群众提供体育健康促进服务，并保障特殊群体的服务需要。全民健身与全民健康相结合的社区服务❶，建立志愿服务中心，搭建志愿者对接平台、服务对象和服务项目，构建全民健身与全民健康相结合的服务模式，实施以人为本的国家全民健身政策，使人民群众对美好生活充满向往，人民群众提供高质量的社区服务。

## 二、全民健身与健康工作的开展

### （一）健身工作宣传的加强

针对我国全民健身与全民健康发展，要积极地普及全民健身的观念，加强社会各阶层对全民健身的重要性的认知，以免群众对全民健身概念认识不足，从而影响国家体育强国战略的发展。政府还应加大相关投入力度，积极

---

❶ 王明晓. 对积极推进健康中国建设的思考［J］. 中华医院管理杂志，2015（12）.

开展基础设施建设和指导工作，使人民群众充分了解健身模式，促进健康生活理念的普及。保障全民健身方法的科学性和合理性，正确分析全民健身的目标和内容。在全民健身方法的指导下，人民群众意识到终身参与体育运动的重要性，从而养成健康的生活方式。

健身观念的普及涉及多个环节，如果缺乏规范性的指导文件，最终会导致与健身发展相关的每个环节都不顺畅，使全民健身观念缺位。要想转变群众体育方式，创新健身方式，有效地调动群众参与健身的积极性，在制定相关制度文件的过程中，先开展一系列互动活动，以提高人们对全民健身计划的参与度。在健身计划的实施过程中，政府应该关注与满足人民群众的各种需求，确保健身运动的实施并得到很好的效果。所以，有必要形成一份完整和制度化的指导文件，指导文件的制定必须符合全民健身工程的目标和适应发展的实际需要。

相关部门必须充分引导群众，从实践和经验出发，开展全民健身和全民健康的宣传工作，不断优化发展方式。体育运动工程的不断实施，在优化健身基础设施条件方面取得了重大进展。在原先体育发展模式和过程基础之上，根据现在的实际需要和资源情况，体育场馆设施的调整和增加应有一定的目的，明确在国家体育发展过程中与社会组织合作，确保各种条件满足群众体育锻炼的需要。此外，政府应加强对健身基础设施的安全和标准化管理，监管发展全民健身责任，有利于激发人民群众参与健身运动的兴趣。明确全民健身工程的目标，突出社区的主体地位，提高人民群众对全民健身目标的认识。

## （二）全民健身的目的

体育发展的基础是全民健身，体育产业发展的基础是全民健身的源泉和动力。体育产业的主要消费者是人民群众，体育文化建设是建立在体育发展基础上的。人民群众在健身过程中身体健康，那么心情也会随之愉悦，这样就促使中国的体育产业向前快速发展。❶目前，国家还十分重视青少年和儿童的健康，规范学校体育教育，对课外体育活动时间的合理安排，普及体育文化知识，这对于体育发展的战略目标起到很好的推动作用，从而实现体育强国的战略目标。

随着现代化生活节奏的加快，现在有许多年轻人不做任何体育锻炼，天天忙于工作，还离不开电脑和手机，在饮食方面也不规律，这都对身体产生一定的危害，生活压力的增大也对身体有所消耗，所以现在很多中年人的身体每况愈下。在生活质量上也受到影响，一个好的身体离不开长期的锻炼和保养，所以坚持锻炼，拥有一个好身体很重要。信息时代，人们通过手机可以下载运动视频，如果不想到户外运动，可以选择足不出户锻炼。提高体育锻炼意识，每天抽出时间进行体育锻炼，不仅能有一个好身材，还能为国家的体育产业做出贡献。如果没有全民健身，就没有全民健康，没有全民健康，就没有中国体育的蓬勃发展。所以，提倡全民健身很重要，健身的目的就是拥有好身体，使人民群众健健康康生活。

体育是国家体育事业的重要组成部分，在教育中起到很重要的作用，其目的是鼓励人们积极参与体育锻炼。尤其是学校体育针对青少年和儿童的锻炼，主要是推动青少年和儿童生长发育、身体健康，使学生拥有健身、娱乐、生活等各种体育技能，促进他们有良好的思想道德品质、行为习惯和生活习惯，使学生在学习中充满活力。学校体育的发展具有促进身心协调发展的整体效应，为学生走入社会参加工作树立终身体育观念打下基础。❷学校的体育教育以传授身体健康和保健知识为主，以及健身健脑的技巧，让学生掌握保持身心健康的方法，使学生全面锻炼身体，促进健康。在思想教育和健康教育方面要加强，促进学生个性化发展，培养学生的健康意识，养成坚持锻炼的好习惯。学校在丰富校园体育文化娱乐生活方面要下功夫，努力培养学生的体育能力、社会能力和团结合作精神。

---

❶ 史小强. 地方政府全民健身公共服务绩效：评估模型构建、实证分析与提升路径 [D]. 上海：上海体育学院，2017.

❷ 姜同仁. 新常态下安徽省体育产业发展研究 [M]. 北京：经济科学出版社，2015.

# 第三节　全民健身与全民健康的发展动力

## 一、全民健身要加强

随着我国社会经济的快速发展，人民群众的生活水平和工作节奏发生了巨大的变化，现在很多人面临一系列问题，比如青少年肥胖、中老年人患有高血压和心脑血管疾病等，这些问题的存在给个人、家庭带来了许多麻烦。要改变这些不良的生活习惯，健身锻炼是非常重要的，随着人们健康意识的不断提高，健康饮食越来越受到重视，人们可根据自身的条件和特点选择适合自己的健身活动，如广场舞、登山运动、徒步旅行、跑步等。❶由于体育健身场馆和器材的不断完善，体育健身局限性很广，全民健身是人人都可以参与的一项体育运动，进一步提高人民群众的健康水平，使人民群众通过体育锻炼增强体质，满足人们的健康需求。

社区可以举办群众性体育活动，使线上线下相结合，充分发挥社区体育活动的主导作用，努力弘扬奋斗精神，促进邻里交流，增强人民群众对社区认同的积极性。社区是人们生活的基本单位，健身设施建设应更多地向社区发展，社区工作人员做好群众体育指导工作，定期组织和举办社区运动会。这为人们提供了个性化、多样化的健身选择，丰富了人们的精神文化生活，满足了健身多元化发展。

随着全民健身的普及，人民群众对体育项目的参与度和积极性越来越高，对体育健身项目和体育健康知识的需求也越来越大。国家应该全面地普及科学的体育健康知识，提供体育健身指导，并将科学的健身理念融入人民群众日常锻炼中，在提高全民健身意识的同时，不断丰富健身活动内容，增强活动乐趣，开展具有现代发展特色的健身活动。

加强全民健身宣传，向全民传播健身理念，树立健身幸福感，创造活跃

---

❶　王振.体育锻炼对学生良好行为习惯养成的研究［J］.延边教育学院学报，2018，32（4）：91-93.

的健身气氛，是全民健身意识形成的最直接途径。在大力发展健身文化，发展传统项目的同时，激发全民健身兴趣，提高人民群众参与健身的积极性。此外，提倡科学的健身锻炼，让人们认识到健身和锻炼的好处，从健身中找到真正的乐趣，在健身中赢得健康。❶学校要提高青少年的健身意识，使他们清楚地认识到，健身是健康的前提，只有身体健康，生活才能幸福美满。加大力度全面普及全民健身意识，促进全民健身事业发展。

全民健身政策已被纳入发展规划，建设更多的全民健身广场，投资建设更便利的健身设施，促进全民健身。建立健全的管理机制，保证全民健身设施的正常使用。只有这样才能保障全民健身事业的可持续发展，公共服务体系要完善，保证全民健身活动的开展。❷各级政府要认真承担工作责任，坚持以人为本，合理投入资金，优先引导政策，充分发挥公共服务体系的作用，满足人民群众健身的基本需求。

## 二、健身健康发展全面推进

随着城市化进程的不断推进，人民群众的物质生活水平不断提高，人民群众的健身意识增强，纷纷参与到各种形式的体育健身活动中。全民健身计划的全面实施有助于提高全民素质，实现中华民族伟大复兴的伟大事业，也是实现社会主义现代化系统工程，是体育改革的一项重要战略措施。城市居民健身活动的水平和质量，基本上体现了全民健身计划的实施，使全民健身活动向健康科学方向发展。

在《全民健身计划纲要》实施过程中，政府高度重视群众体育组织和团队建设，不断发展壮大全民健身服务的组织实力。全民健身组织网络和具有中国特色的团队体系是在政府的领导下，依托社会，全面覆盖。然而，在我国广大农村地区，全民健身组织与全民健身队伍建设之间存在巨大的差距，有效开展农村全民健身活动对于构建和谐社会具有重要意义。所以，有必要

❶ 张云洁 . 全民健身运动在高校的普及与发展研究 [J]. 当代体育科技，2016，6（36）.
❷ 梁懿 . 全民健身背景下高校体育教育发展的新思考 [J]. 运动，2016（22）.

进一步加大对农村健身组织和队伍建设，使农村的广大人民群众广泛积极参与体育锻炼。全民健身计划的宣传工作一定要做好，全民健身计划的实施过程就是动员群众提高体育意识，树立健康观念，积极参与健身运动。

保障公民的体育权利，实现每个公民的基本体育权利，是构建全面健身体系的目标。要做到这一点，需要实现全民参与运动，以家庭为单位人人都要参与健身，从而促进全民健身计划的实施，推进全民健身战略，保障人民群众身心健康。❶目前，我国已全面实现小康社会，因亚健康在人民群众中攀升，人民群众要想有健康的身体，就需要天天坚持锻炼身体。健康不仅关系到个人的身体，而且关系到家庭的幸福，与国家实现战略发展息息相关，所以只有人民群众身体健康，社会才能实现可持续发展。

如今人们的生活水平大大提高，但生活节奏加快，心理压力有所增加，如果长期心理抑郁，那么整个人会出现紧张的情绪。要想释放这种压力，就要在空闲时间多参加体育运动，选择适合自己的运动项目，使神经不再紧张，得到释放，通过健身缓解身心疲惫。比如，广场舞、慢跑、散步都是休闲的运动项目，也能修身养性，是实现全民健身的有效路径。体育部门和政府分别树立效率、透明、公平、公正的良好形象，多站在人民群众的角度，为人民群众提供适合锻炼的体育设施。为实现全面健身，提供良好的运动项目和健身环境，在实施全民健身战略过程中，政府部门需要强化服务供给意识，更好地发挥职能作用，提高全民健身效果，为实施全民健身计划提供一定的保障。❷积极宏扬健身精神，进一步推广全民健身，实现国家战略，政府部门不仅普及健身知识，还要宣传体育与健康的重要性。弘扬全民健身促使身体健康，有利于全民健身战略的有效实施。

随着我国经济的转型，经济增长基本实现了由投资和外贸出口拉动型转变，带动了需求使经济不断发展。除了满足人民群众的基本需要之外，还要更深入地提高他们的生活水平和生活质量，只有生活质量提高了，再加上天

---

❶　郑旗. 体育科学研究方法 [M]. 北京：人民体育出版社，2007.
❷　王松，张凤彪，巩洪国. "全民健身"在"健康中国"中的地位与作用研究 [J]. 中国学校体育（高等教育），2017，4（4）.

天锻炼身体，这样人人都拥有健康的体魄。人民群众的健康需求得到满足，促进经济不断发展。国家战略目标是实现全民健身，可以充分发挥全民健身的健康、教育、经济等作用，与各项社会事业相辅相成，使体育产业和体育消费的总体规模增大。所以，全民健身必将成为体育产业引领发展、拉动内需和形成新的、经济增长的源泉，建设一个健康的中国，使人民群众都拥有健康。

在实施全民健身战略的基础上，促进健康和中国建设，适合中国国情，发展中国特色，把"健康导向"嵌入社会组织结构和经济发展中，实现健康社会，使健康价值最大化，积极治理健康模式，真正体现了政府以人民群众为中心的理念，为实现国家战略和中国梦而努力奋斗。❶ 所以，有必要推进和落实建设健康中国的任务，全面建设一个能够为全体人民群众"预防和控制健康风险，创造健康价值观"的国家。

大力推进健康中国建设，使城乡居民健身活动井然有序地开展，监督人民群众利用业余时间，改掉不良习惯，拥有健康文明的生活方式。比如，篮球、足球、广场舞、游戏等体育健身活动都是集体性的，能促进人与人之间的交流，不仅加深人民群众之间的友谊，而且使邻里之间多了一分交往，关键时刻可以相互帮助。

全民健身活动不仅改善了人们的情绪，还很好地促进了人们的心理健康。因为人们处于群体中要比一个人独处的时候心情愉悦，比如，人们在进行某种健身活动时，注意力都集中在活动上，注意力转移了，心中的烦恼自然而然就忘记了，通过运动锻炼使不好的心情得到了释放，只有心情好了，工作才有效率。所以，健身活动不仅形成了健康文明的生活方式，而且培育了社会主义核心价值观，推进社会主义精神文明建设，具有十分重要的意义。健身促进健康发展，只有身体健康了，人民群众才能过上幸福的生活，如果身体不健康，那么生活不仅不会很幸福，反而增添不少烦恼，所以拥有健康的身体很重要，那么前提是要坚持天天锻炼身体。只有人人都健康，才能形

---

❶ 柳鸣毅. 健康中国背景下全民健身公共政策分析 [J]. 中国体育科技，2017，53（1）.

成强大的社会力量，才能实现"两个一百年"的奋斗目标。

随着健身设施的健全，人民群众健身热情高涨，有的健身运动项目还需要专业人士指导，所以社区要宣传科学健身的知识和技能，必须加强对群众健身活动的指导，使群众健身活动科学有效。在政府的领导下，有计划、有针对性地开展群众体育指导活动。还有必要推动高水平体育产业的发展，包括发展体育健身事业，以满足部分市民的高水平体育健身需要。[1]所以，社区健身房的改造，健身企业都是自发的，政府部门和体育管理部门要加强监管和指导，使体育健身事业在全民健身活动中发挥更大的作用，把体育健身事业纳入全民健身计划，按照群众需要有序发展，规范运作，提供优质服务。

# 第四节　全民健身和全民健康深度融合

## 一、促进全民健身和健康融合

### （一）健身和健康融合的推进

国家的政策方针是实现全民健身，以人为本的健康理念。实现全民健身的发展，人民群众的文化生活得以丰富，社会经济得到发展，社会建设实现和谐。所以，在以人为本的健康观念的构建和倡导下，健康中国与全民健身是密切相关的，融合发展的规律和原则是相同的。整合健康中国与全民健身融合发展的理念，支持全民健身体系建设，从而保证全民健身的实施。

推进全民健康与全民健身相融合，是全面健康战略体系的重要观念，健康中国战略下的全民健身与全民健康深度融合，成为我国体育学术界的重要

---

[1]　陈宁. 全民健身概论 [M]. 成都：四川教育出版社，2003.

组成部分。❶从研究方向来看,学者们已经开始从不同的视角、不同的思路和方法进行深入研究。从学科理论、实践经验和发展战略的角度,非常重视创新研究,从创新的理论和观点,对全民健身与全民健康的深度融合起到了引导作用。

特别是关于全民健身与全民健康深度融合的研究,在今后的研究中应该建立在全民健身与全民健康深度融合的基础上。机制建设的新方向,着眼于全面、战略和前瞻性的全民健身与全民健康深度融合的理论和实践,实时知晓全民健身的发展趋势。❷从多元价值上看,找出全民健身与全民健康深度融合的"关键点"和"突破点",逐步拓展研究范围,提出全民健身计划具有现实性、针对性和决策参考价值。建构全民健康保证机制的研究成果,特别是大数据、信息化、科学化的发展途径,专门为全民健身和全民健康深度融合而策划。构建健康深度整合,为保障全民健身与全民健康深度融合,促使全民健身有效长远地发展,体现出全民健身的价值,使人们感到更健康、更幸福。

全民健身与全民健康相结合,确立人民群众心态良好、品质优秀的健康观念,规范科学健身知识的传播,大力推广体育作为身体健康的一种观念,通过健身可以预防疾病的发生,在提高人们的健康意识的同时,规范人民群众的行为习惯,体育与健康协调发展,促进健身与健康服务的和谐发展。

体育健身在促进健康方面起到很大的作用,如果实现体育产业与健康产业的整合,有效地推动产业转型,健康将融合到产业规划、经营运作中,提升市场的竞争力。每个地区通过发挥资源优势,建设以健身休闲、中医保健为主的健身健康产业基地。❸配备齐全的健身保健技术设备、健康检测设备,快速促进体育产业与健康产业的融合发展。

全民健身与全民健康的深度整合,从理论、实践经验发展来实现国家健

---

❶ 肖蝶,徐玉明.广场舞对中老年人健康体适能影响的文献综述 [J].当代体育科技,2018,8(17).

❷ 徐博.全民健身与全民健康管理上深度融合研究 [J].当代体育科技,2017,7(28).

❸ 刘志敏.促进体育强国与全民健身运动协调发展战略研究 [M].北京:北京体育大学出版社,2014.

康战略，为实现全民健身与健康一体化的机制，全民健身与科学深入整合，未来需要更加关注全民健身和健康，确立深度整合新的发展方向。建立全民健身协调管理机制，促进全民健康发展，人们可以根据日常生活中健康发展的需要，改变不良的生活习惯，加强运动锻炼，预防疾病的发生。

体育健身的理念是开展体育锻炼，强调"强身健体，振兴民族体育"，运动应该从青少年开始抓起，为了让人民群众了解体育运动的好处，可以利用媒体平台进行宣传。每天锻炼身体，不仅减轻生活压力，还能使心情愉悦，锻炼身体还有助于放松肌肉和骨骼，延长寿命，增强体质，有利于年轻人骨骼的生长。❶为了提高体育设施的利用率，体育活动可以满足广大群众对体育器材的需求，利用现有的体育器材，发挥体育锻炼的作用，提高社区人民群众参加体育锻炼的积极性。由于农村相对落后、资源短缺，可以利用一切可利用的资源，如早晨跑步、广播体操，以达到健身运动的目的。

全民健身与全民健康是建立在多要素的完善基础上，从而实现健康中国的长远发展战略，为中国体育产业的发展注入持续动力。我国体育事业不断地发展，在全民健身与全民健康深度融合的理念下，人民群众产生自发运动意识。与此同时，外部环境也创造了良好的发展机遇。❷建设一个强大的体育国家也将迎来快速发展。在未来的发展中，我们必须坚持科学规划，高效率地工作，使体育产业可持续发展，坚持政策主导与制度激励并存，推动全民健身运动，加强与企业和社会事业单位的合作，投资体育基础设施，积极与社会大众互动，建设体育事业强国，为体育强国建设和发展创造良好的发展环境。

## （二）增强融合建设服务

要想树立全民健身与健康相结合的意识，加快健康产业的快速发展，政府部门须制定更多的鼓励和引导政策，使各部门转变职能，适应社会需要。

---

❶ 许豪文. 运动生物化学概论 [M]. 北京：高等教育出版社，2001.
❷ 胡鞍钢，方旭东. 全民健身国家战略：内涵与发展思路 [J]. 体育科学，2016，36（3）.

做好公共管理和服务工作。从体育市场的发展角度出发，提出了支持体育社会组织、购买公共体育服务、满足群众健身指导需求、发挥政策主导作用。为了促进健身健康服务的多元化发展，引导人们逐步消除健康意识障碍，使人们树立健身观念，加强健康管理理念，形成健康、文明生活方式，为政策的制定和实施打下坚实的基础。

实现全民健身与健康的深度整合，必须加强相关主体之间的联系，通过协同运作实现整合目标。为此，我们需要建立多部门整合机制，由相关部门共同开展治理、咨询和引入具体管理办法等工作。❶例如，在体育资源管理方面，推进社团改革，实现体育场馆等资源的经营权与所有权分离，吸引社会组织的广泛参与，促进经营管理模式多元化。实现整体协调，优化资源配置，促进各级各类资源的运作，推动全民健身和全民健康综合化发展。

建立服务协调机制，尽快实施全民健身和全民健康综合政策体系，实现优质服务供给，还要完成以基层为重点的社区服务体系建设，统筹城乡服务供给，保证人民群众享有平等的健身和健康服务。建立城乡社区主导服务机构，使人民群众健康协调发展，服务资源完善，实现服务供给，使人民群众的健康需求与服务供给紧密结合。对社区服务资源进行综合管理，可以促进社区服务发展。通过加强社区服务机构，实施全民健身指导，促进体育健康全面发展。

全民健身与全民健康的深度融合是人民群众的现实需要，全民健康作为国家健康战略的重点和目标，保证全民健康有效进行，促进全民健康的发展，全民健身和全民健康的相互合作至关重要。❷人人都可以参加健身运动来促进健康，进行科学的锻炼，加速康复，实现全民卫生服务全覆盖，促进健康中国建设。

全民健身与全民健康深度融合是卫生产业转型升级的有效手段，卫生产业转型升级是新常态下我国经济转型升级的必然要求。健康产业应以预防为

---

❶ 刘鹏．落实全民健身国家战略 努力推进健康中国建设 [N]．人民日报，2016（14）．
❷ 罗铮子，梁希．休闲体育对全民健身计划纲要实施的影响和作用 [J]．当代体育科技，2017（27）．

目标，体育产业不应以经济效益为目标，而应为康复提供服务。将全民健身运动与全民健康密切结合，为不同群体提供多样化服务，促进人民身体健康的同时，维护人民群众的心理健康，提高社会适应能力，更好地为全民健康服务，有利于促进体育产业充分融入健康产业，推动卫生产业转型升级。

### （三）全民健身和全民健康相融合

全民健身与全民健康紧密结合，广泛普及全民健身，积极参与体育锻炼是健康生活的重要支撑。运动对提高身体免疫力和预防疾病有明显的效果，促进全民健身与健康的深度融合很重要，在完善健身设施建设的基础上，大力开展全民健身活动，提高人民群众的生活质量，身体也得到了健康发展。

健康管理的理念是了解个人的健康状况，通过科学的健身方法促进个人健康向更好的方向发展。为了实现全民身体健康，健康管理通过一系列的方法，如身心健康、健康评估中的内部健康管理和健康生活方式的推广来改善人们的健康。❶目前，我国大力倡导的全民健身活动是构建健康生活的途径之一，是健康管理的重要方式。健身活动的开展应以个人的健康为基础，适合有针对性和目的性的健身运动。因此，全民健身与全民健康管理应紧密结合。

健康管理可以反映全民健身活动的效果。提高人们身体素质的最直接途径是积极参与健身活动，只有这样人们才能获得健康。人们在运动过程中会感受到与体育相关的精神，如团结、自力更生、坚持不懈，通过一定量的体育锻炼，缓解了工作和生活压力。通过一定的运动，人民群众感受到了快乐，心情愉悦。所以，只要人民群众身心愉悦，就说明推广全民健身计划有效果，使人们的生活质量有所提高，健康管理对健身活动非常重要，两者必须深入结合。

将全民健身战略的实施纳入健康管理中。全民健身是实现健康生活发展战略的主要目标，从全面的角度来看，健康不仅是指身体健康，也指心理健

---

❶ 白芮. 全民健身与全民健康融合的路径浅析［J］. 四川省社会主义学院学报，2018（4）：55-58.

康，比如良好的体质、心理和观念都得到了改变。❶ 所以，应该建立健康管理运动机制，把健康的主要任务纳入体育政策，促进公共体育服务的均等化，定时在社区开展全面健康体检活动。根据居民不同的身体状况，提供不同的健身服务指导，制订不同的健身计划，为特殊群体提供健康指导和健身指导。此外，促进体育与医学的相互交流与融合，也是全民健身与全民健康管理一体化发展目标的体现。高等学校和体育行政部门应加强对有关人员体质健康状况的调查，建立个人体育健康档案，实现健康管理规范化，促进全民健身计划战略实施。

### （四）宣传全民健身与全民健康相融合

引导全民健身与全民健康相融合，大力开展宣传，树立全面发展健身观念，深入学校、单位和社区，积极开展科学健身和医疗卫生相关专题讲座，通过专题栏目、传单和媒体向人民群众宣传全民健身理念。广泛传播全民健身和整体健康深度融合知识，并邀请相关专家尽可能地普及通俗易懂的知识，让人民群众知道健身与健康相结合对自身的健康将产生长远影响，增加针对性宣传和吸引力，使宣传更贴近群众，营造融合的社会气氛，实现全民健康。

推动建立健全全民健身与全民健康深度融合体制，探求创新全面发展，积极探索全民健身与全民健康深度融合的原则和机制，健身与健康深度融合的评价标准的研究。要明确健身与健康和谐发展的因素，关于这些问题制定相关政策，与时俱进，通过一定的改革和创新，建立管理体制，使健身与健康相融合。完善群众参与制度，引导社会力量，组建社区体育队，通过合理的体育运动，促使人民群众积极地参与健身运动。加强协调机制管理，为全民健身与全民健康相融合提供相互鼓励、相互监督和相互评价的便利条件。

全面发展全民健身与全民健康的深度融合，政府应加大对健康和健身资

---

❶ 杨运鑫，罗频频，陈鹏.职业教育产教深度融合机制创新研究［J］.职业技术教育，2014，35（4）.

源薄弱地区的投入，制定相关优惠政策，为当地健身和医疗卫生事业发展提供更多的便利。为辖区人民群众建立全民健身医疗服务中心，在相关体育器材、设施、医疗服务方面提供资源补助。❶这样才能使健身与健康相融合并且快速发展。确保全民健身和全民健康深度融合的服务公平性和可行性，应采用多种方法，使健身休闲产业快速发展，为人民群众提供各种各样的健身和健康服务，让所有人都能享受到健身与健康相融合带来的好处。

全面推进全民健身与全民健康深度融合的科学水平快速提升。以生命科学、体育科学、社会科学、大数据、云计算等领域的综合健康理论为基础，充分结合国家、集体、个人的力量，以全民健康为目标，开展深入研究和前沿探索，为全民健身与全民健康的融合提供理论和技术支持，提高全民的体育健康水平。积极引进国际先进技术，鼎力发展运动医学和康复医学，不断探索发展基层卫生服务中心。

中国健康体育的发展，应高度重视社会体育教育和培训，贯穿全民健身和全民健康的发展全过程，主动开设健身康复教育专业。根据群众的反馈，促进教育内容的创新与改革，在技能方面多多指导，使人民群众在健身的时候能够掌握一定的技能项目，促进全民健康快速发展。❷如果全民都不参与健身，那么则无法实现全民健康，全民健身和全民健康一体化战略也很难实现。所以，我国应坚持以《健康中国 2030 规划纲要》为指导思想，以全民健身为重要目标，树立全民健身与全民健康相结合的观念，加强人才培养，做好相应的制度建设，以促进全民健身与全民健康相结合，为我国的长期稳定发展奠定坚实的基础。

❶ 杨强. 体育旅游产业融合发展的动力与路径机制［J］. 体育学刊，2016，23（4）：55-62.
❷ 何玮翔. 试论民族传统体育的发展方向［J］. 福州大学学报（哲学社会科学版），2017（6）.

## 二、运动健身促进全民健康发展

### （一）全民健身与全民健康相融合的渠道

要实现全民健身与综合卫生设施的深度融合，一定要从源头入手，强化全民健身意识的责任感，使人民群众的健身意识有所提高。目前，许多地区正在努力响应健身理念，在实施过程中难免存在很多问题，例如，体育设施大部分是由体育场出资的，而体育场的产权归国家所有。一些场馆的定价很高，不利于群众接受，所以要想实现全民健身，就要合理地制定措施，比如合理地制定场馆的价格，不仅能使人民群众接受，还能使场馆利益不受损失，这样能很好地实现全民健身与全民健康设施的整合。

为了使体育进入社区，一定要创建健康的生活方式，有关部门增加对体育设施、器材和资金的投入。利用社区建设健身场所，比如足球、篮球、乒乓球等进行锻炼，有的运动项目也可以在家中进行，像瑜伽、跑步机上跑步等。确保健身设施投资完善，使健身得到进一步提升，让更多的人民群众都参与到全民健身活动中。

全民健身与全民健康深度融合的重要途径是大力开展全民健身活动。推进人们的身心健康要每天坚持健身运动，只有坚持锻炼，才能使人民群众的身体机能得到提高，身体素质随之提高。[1]比如，打羽毛球、跳绳、乒乓球、踢毽子等社会性休闲娱乐活动，使群众参与健身运动的积极性提升，在参与过程中，使体育运动快速发展。不仅维护了人民群众的心理健康，在深交方面也有所提高。如果在学校开展体育运动，则要加强学生心理素质的培养，根据学生自身的条件，选择适合学生的体育运动项目，充分调动学生的积极性和兴趣，为培养学生的组织能力和社会能力奠定基础，让学生们对体育健身运动产生浓厚的兴趣。[2]不管是在企业还是学校，应扩大健身活动范围，使

---

[1] 邱世海. 全民健身视角下社会体育指导员队伍发展研究 [J]. 体育科技，2015, 36（6）.
[2] 杨洪武. 我国实现全民健身公平的必要性及途径分析 [J]. 建材与装饰，2017（12）.

全民健身活动与教育和健康结合起来，让大家在娱乐中获取身心健康，通过健身活动，促进全民健身和全民健康的深度融合。

全民健身向全民健康跨越。由于发展阶段和传统观念的制约，全民健身工作是督促人民群众积极参与健身运动，参加体育锻炼能使身体健康。体育体制在工作方式上对全民健身有所限制，从理论上来看，宣传设计还不够，在社会推广方面有所欠缺，关注体育的同时更加关心群众的健康，强调体育的重要性，体育健身能使身体健康，全民健身作为服务群众的一项工作，大力推广全民健身，各级政府要全力以赴地投入体育公共服务中，为人民群众实现健身发挥推进作用。

推动全民健身作为国家战略目标，科学的全民健身指导方式才是提升全民健身价值，从单一的健身功能转变为多元化的社会功能和健康价值，坚持以人为本的价值取向，全面保障人民群众的健康需要。❶重心要放在工作定位上面，积极灌输身体健康、心理健康是适应社会的理念，每一个人都要有健康的身体，才能实现国家长远发展战略，在寻求全面健康需求过程中，工作目标要明确，制定新的工作标准方案，建立新的激励考核机制。

为了减少资源消耗，强化健身基础，使全民健身和全民健康的实施有成效，政府和有关部门应通过相应的资金和政策予以支持，鼓励公益性公共卫生设施的运行。除了政策优惠外，综合卫生设施对投资经营者进行培训和指导，还可以在税收、补贴等方面给予一些优惠或贷款补贴。特别是以公众参与体育的形式，加大设备维护力度，使健身设施的运行更加科学合理，开设更多、更好、更专业的健身项目。尤其在学生健身方面，更应该加强体育教育观念，树立学生终身体育的理念，形成"健康第一，终身体育"的意识。

全民健身与全民健康相融合，从思想上起到引领的作用，是健康与发展相结合的理论和方法。从公民素质出发，国家可以利用人力和物力资源，推动全民健身和全民健康发展，为人民群众提供了强有力的思想指导。实施体育促进健康行动计划，使人民群众的科学健身意识有所提高，加大对全民健

❶ 柳新义．大学生体育锻炼与营养饮食卫生 [M]．郑州：河南大学出版社，2013．

身科研和科学指导的投入，利用云计算和物联网现代技术，引导人们终身健康，系统梳理了中国传统体育文化、养生理论、中医学理论、现代中医学理论，结合人群个性化健康需求建立数据库，形成了针对各类人群的科学健身指导方案体系，通过科学技术指导全民健身实施。

## （二）全民健身活动推动全民健康

　　健身意识实质上是全民都踊跃参与健身，加大体育教育，加大全民健身意识的宣传力度，提高全民健康水平和全民健身体质，保证全民健身质量。随着健康指标的发展，有关部门应从人民群众身心协调方面着手，把健身教育和健康教育相结合，使全民健康运动水平有所提高。每年的 8 月 8 日全民健身日，为人们提供舒适的锻炼环境，充分调动全民健身的积极性，在健身活动中应提供医务人员，宣传相关的医学知识，还可以增加一些传统的体育活动，比如打太极拳、网球、乒乓球等，促进全民健身和全民健康相融合。❶全民健身运动的普及可以减轻卫生服务的压力，在促进全民健身运动的同时，可以提高人民群众的身体素质，增强人民群众的免疫力。全民健身能够有效地减轻公共卫生保健负担，推动健康中国快速发展，锻炼能改善人的精神状态。在全民健身建设中，为了促使全民健身与全民健康的深度融合，我国应建立和完善全民健身指导体系，进一步完善全民健身运动保障机制。

　　全民健身与健康一体化的体制机制。建立卫生与体育部门的健康管理机制。对于一个国家来说，人民群众的健康是国家长期发展的战略目标。全民健身和健康战略相结合，建立和完善全民健身与卫生工作的领导机制是十分重要的，将促进人民积极健康的发展方向，结合各地区资源，调动各方的积极性，推动建立健康卫生综合管理体系，鼓励以全民健身为重点的卫生服务体系。引导全民健康积极发展，并发挥全民健身机制的作用。政府部门要坚持为全体居民提供公共体育和健身服务，使全民健身服务能力不断提高，满足人民群众健身的需求。

---

❶　张松年．高校休闲体育专业特色体育课程开发与建设 [J]．当代体育科技，2019（34）．

　　在健康中国的战略下，全民健身与全民健康紧密结合，体育健身是非常重要的，是与经济、教育、文化共同发展的方式。体育健身与健康相融合，不仅实现了健康中国建设战略的发展目标，还使人民群众拥有健康的身体。对于促进全民素质教育、文化教育、改善人民群众的生活质量具有非常重要的意义，增强全民健身的同时，保障广大人民群众健康生活欣欣向荣。为了加快健康中国战略下全民健身与全民健康深度融合，有必要实施《健康中国2030 规划纲要》，构建健康中国发展战略目标，全面提高中国健康水平。如果全民健身与全民健康不结合，那么就很难实现全面建设健康中国的发展战略目标。因此，健康中国在全面建设发展战略中，必须把全民健身与全民健康深度融合作为最重要的发展目标。

　　利用体育在促进健康方面的优点，推动全民健身与全民健康的深度融合，实现健康第一，从全民健身到全民健康的转变，由于受到传统观念的影响，[1] 全民健身工作只重视培养竞技体育后备人才，只是简单地普及全民健身的作用以强身健体为主，在宣传方面过于理论化、局限化。实际上，关心体育就是关心人民群众的健康，重视体育就是重视人民群众的健康，使全民健身和健康更好地服务于群众，所以各级政府对实现全民健身工作要做到极致化，建立健全体育公共服务设施，使人民群众保持健康。

　　推进全民健身作为一项国家战略，首先要提升全民健身的价值取向，不仅从单一的健身功能锻炼，还要实现多元化的运动锻炼，从而实现健康的价值，充分满足人民群众的健康需求。服务于全民实现身体健康、心理健康的社会适应能力，使全民健身推动全民健康全面发展。要体现深化改革，探索有利于全民健身与全民健康深度融合的体制机制，实现全民健身，使人民群众达到全面小康水平。人民群众身体健康、生活幸福，国家就会实现长远的战略发展，因此，在国家层面上探索建立全民健身卫生工作。要把体育、教育、卫生、养老等政府机构结合起来，促进人民群众的积极健康，实现人民群众

---

[1]　李荣日，王跃，杜梅，等．完善全民健身公共服务组织管理体系的研究［J］．首都体育学院学报，2014（5）．

全面健康，实施国家健身战略，推进健康中国建设。[1] 在社区，应建设以全民健身为基础的多形式健康促进服务中心，引导人民群众积极参与健康，为人民群众提供基本的公共体育和健身服务。建立全民健身服务体系，提高全民健身服务能力，满足人民群众多样化的体育健身需求，极力做到全民健身。

在建设健康中国发展的背景下，应加大对全民健身设施的投入，制定相应的优惠政策，便于地方全民健身一体化活动的开展，将体育健身器材，配置到急需地区。国家鼓励和支持边远贫困山区的社会体育指导，满足偏远山区人民群众也能参与体育锻炼。以健康中国环境为基础，以不同的方式吸引个人积极参与全民健身，达到身体健康的目的，政府相关部门不仅要加大宣传健身力度，还要发展地方性健身休闲项目，为不同地区和不同群体提供多样化的健身服务和健康服务。

社区健康教育一般引导人民群众以正确的方式进行锻炼，提高社区健康教育的重要性，开展文明社区建设，不仅提高人民群众的综合素质，改善他们的生活质量，还能促进社会发展。完善社区健康教育活动，坚持以社会群体为对象，积极组织免费诊断、宣传等活动，培养人民群众的自我保护意识。现如今，我国社区健康教育已形成了全方位的教育体系，在健身、健康和预防疾病方面都有取得了明显的效果。

建立完善的社区健康教育模式，根据不同地区、不同群体普及健康知识，使全民积极参与健身运动当中。另外，可以通过视频的形式，开展社区健康教育活动，促进社区卫生指导员的健康教育水平。不仅提高社区健康教育的质量，还能加快全民健身的整体步伐。

---

[1] 唐雪姣，孙洪涛. 我国全民健身"大群体"格局发展战略及推进路径 [J]. 武汉体育学院学报，2014（8）.

# 第三章　全民健身与运动

## 第一节　全民健身运动的发展

### 一、全民健身运动发展途径

#### （一）加强运动锻炼

我国体育事业是全民健身运动，全面提高人民群众的体质和健康水平，走社会发展、有中国特色社会主义道路。生命在于运动，运动能使人增强体质，并提高人体免疫力，加强身体的新陈代谢。人们的健康关系到国家的发展，人人都有好身体，社会才能和谐，国家经济才能发展，人民群众才能过上幸福的生活。全民健身全面发展也是经济社会全面发展的重要象征，全民健身不仅能促进人民群众健康的发展，同时也推动了社会文明进步和国家繁荣发展。

全民健身要增强自我保护意识，要有预防损伤的观念，参加体育锻炼时，不要盲目运动，要选择适合自己的项目，运动量不要过大，在体育锻炼中加强易受伤部位的保护，其功能得到改善，能有效预防损伤。[1]运动能消除疲劳，使全身肌肉放松，积极工作，所以要养成天天锻炼的好习惯。经常参与体育运动，还能使身体的柔韧性增加，防止运动中受伤。人民群众在健身的时候，可以根据自身的身体状况，采用科学的健身方法，有目的性、有科学性地进

---

[1]　陈宁. 全民健身概论 [M]. 成都：四川教育出版社，2003.

行体育锻炼。在加强运动健康知识的普及时，一定要保护好身体，以免在运动中受到损伤。

坚持以人为本的健康观，必须重视公共体育设施的规划建设，我国不仅要重点建设大型体育基础设施，以满足大型体育赛事的需要，还要建设布局合理、环境协调、管理规范的全民健身设施，以满足人民群众的需求，使人民群众每天在空余时间都能参与到健身活动中。在体育基础设施建设方面，充分利用现有的体育设施和体育场馆。在不影响学校教学的同时，尽量向社会免费开放，努力实现体育资源社会共享。为了提高全民健身中心的建设水平，可以引进社会资源，对重点设施进行改善，建设一批高标准的室内体育中心，完善拥有特色的高质量的体育健身项目。为城市增添新的体育场景，使人民群众参与体育运动时更有信心，可以利用现有的条件，更多地进行锻炼，达到健身的目的。

人民群众的健身思想的提升，有利于全民健身活动的顺利开展，地方政府对全民健身计划的引导在全民健身计划实施过程中，起着很大的作用。工作做到位，使人民群众对全民健身运动的认识提高，有利于开展全民健身运动。[1]因此，为了提高人们的健康意识，地方政府在全民健身运动指导中起着决定性作用。改善全民健身意识，促进全民健身实现高水平的可持续发展，实现健康发展目标。在全民健身建设中，地方政府要加强领导，造福国家，造福人民，为实现全民健身，加强运动锻炼做贡献。把全民健身作为社会主义精神文明和物质文明两手抓，切实采取行动，把运动锻炼作为长远化发展目标，做好全民健身工作，协调体育事业和社会经济共同发展。

为落实《全民健身计划纲要》的精神，全民健身作为我国推广群众体育设施的主要路径，体育设施建设非常重要。全民健身设施的建设，让人民群众在日常健身时有地方可去，人民群众在健身广场、体育公园可以实现休闲娱乐活动。如今人们的生活水平都在提高，人们开始追求高标准的生活方式，在实现全民健身运动的同时，不仅能增强人民群众的体质，而且通过

---

[1] 陈宁. 全民健身概论 [M]. 成都：四川教育出版社，2003.

社会活动使人民群众的交流顺畅许多。健身运动锻炼作为社区体育活动，尤其是老年人经常锻炼，不仅身心愉悦，身体机能各方面也都得到提高。加强运动锻炼，促进身心健康，能有效地丰富不同年龄段人民群众的体育文化生活需求。

## （二）全民健身运动的需求

在推广竞技体育的同时，激发广大人民群众对体育健身的热情，使人民群众的物质生活水平有所提高，人们的身体更加健康。人民群众对身体健康的要求越来越积极，对身体素质的要求也越来越高，在城市体育场馆建设方面，人民群众运动健身意识慢慢提高，国民经济发展。人们在健身需求方面，追求适合自己的项目，比如慢走、跑步等，运动都利于身体全面发展。随着城市的扩张，人们更喜欢在配套齐全、交通便利的场馆进行运动。全民健身设施健全，通过一定的服务内容，满足人们健身的需求。为适应人民群众健身交流，推广群众性体育项目，引导群众积极参与体育锻炼。

全民健身有利于我国经济的快速发展，特别是全民健身运动是社会发展体系的一部分。[1] 开展全民健身运动，能够促进社会经济发展，有效地提高人民群众的生活质量。全民健身的大力发展，吸引一大批体育工作者来推动体育事业的发展，提高我国体育水平的同时，还能有效地促进社会体育的普及和发展。

加强体育宣传工作，加快全民健身运动发展，对促使全民健身运动发展很重要。必须坚持正确的舆论导向，弘扬中华民族的体育精神，普及体育科学知识，提倡健康的生活方式，在维护社会稳定的同时，为体育的健康发展创造良好的条件。各地方政府机关必须始终不渝地推动全民健身活动，宣传体育运动促健康的好处，有利于提高人们的生活质量。为了培养健身专业人才，优化知识结构，高校必须在体育教学中开设全民健身专业或课程。按照全民健身运动发展的需要，有针对性、有目的性地培养体育人才。

国家战略目标是努力推进开展全民健身活动，实现人民群众体育的社会

---

[1] 肖林鹏. 现代体育管理 [M]. 北京：北京体育大学出版社，2015.

化管理，促进全民健身运动科学、有序的运行。体育以人为本、促进健康、使人民群众综合素质提升，推动全民健身健康发展，为实施国家健康战略快速发展提供了途径。❶随着人们健康意识日益提升，锻炼身体逐渐成为人们的习惯，通过一定的运动锻炼人们不仅可以释放工作压力，体验运动的乐趣，还可以达到促进健康、提高全民终身锻炼意识的目的。

## 二、全民健身运动实现以民为乐

### （一）加强全民健身运动宣传

全民健身运动要大力宣传，因为健身活动能给人民群众带来幸福，在全民健身运动中不仅渗透了人文精神观念，还使人民群众在健身运动中满足了自身的幸福需要，使全民参与健身运动的积极性得到了相应的提高。健身锻炼后，人们对运动意识有所提升，在运动中享受体育的乐趣，生活方面也产生一定的幸福感，这就是实现全民健身所达到的效果。因为人们从健身中感受到快乐，所以人们积极参加健身活动，这对全民健身运动的快速发展将起到很大的促进作用。全民健身运动使人民群众认识到，健身不仅可以强身健体，还可以促进人与人之间的交流，使人民群众相互信任、相互尊重。

人民群众参与健身的积极性提高，全民健身运动实现了顺应民心，使人民群众拥有健康身体的同时，在精神方面也感受到了幸福。那么加大全民健身运动的宣传力度很重要，使更多的人了解全民健身运动，不仅提高生活质量，还能增强身体健康，使参加全民健身运动的人们，深刻地认识了全民健身运动的有益之处。通过全民健身运动，自身的免疫系统增强，身体更加强壮，抵抗力大大增加。体育运动对促进健康的生活方式起到很重要的作用，提高国民体质水平，促使体育事业发展，有利于我国全面实现健康目标。❷健

---

❶ 赵超．大连市居民参加广场健身的现状调查研究［J］．才智，2016（10）．
❷ 杨晓渝．西昌市区居民健身现状调查研究［J］．中外企业家，2014（2）．

身关系到人们的体质健康，所以加强全民健身宣传是重中之重。

随着全民健身在高校的普及，大量青年聚集在高校，这是全民健身宣传和推广的重要场所。少年强则国强，这对青年人身体素质的发展有重要影响，在全民健身运动的现阶段，高校的拓展范围正处于一个较为全面的状态。大学生是一个良好的活力群体，在健身运动中具有很大优势，能快速适应全民健身运动，促进大学生的参与对推动全民健身很有意义。

### （二）全民健身运动的发展

在市场经济背景下，全民健身在我国有广泛的群众基础，多元化发展体育健身项目深受中青年的喜欢。如果学校体育场开始向社会开放，体育场的经济效益不仅会提高，还推动了全民健身运动的良好发展。[1] 全民健身运动一定要有目的性，人民群众工作之余积极进行健身锻炼，不仅增强了体质，还提高了身体素质，个人通过健身身体健康，大大促进了全面健身运动发展。目前，人民群众参与的体育项目都体现在休闲上，在经济快速发展的今天，全民健身的休闲运动很受大家的欢迎，健身活动表现出娱乐性强，以享受性为主的特点。

全民健身运动将呈现新的发展趋势，人民群众对健身的需求不断地提高，健身将会实现个性化发展。培养个人参与健身运动越来越重要，在市场经济条件下，全民健身运动走向个性化发展。[2] 全民健身运动将逐步转向科学化发展趋势，以社会为主体参与健身运动的目标非常明确，人们不仅追求拥有健康的身体，还追求生活质量的提高，科学化的全民健身运动将得到长远发展。全民健身的发展以市场为导向，一定要改善社会资源，体育不仅是社会资源，也是人才资源，全民健身运动的发展也将向市场发展，是推动全民健身运动健康发展的主要路径。

---

[1]　常为来，雷兴东 . 论城市居民健身空间的"供给侧"发展 [J]. 安徽水利水电职业技术学院学报，2017，17（1）.

[2]　许豪文 . 运动生物化学概论 [M]. 北京：高等教育出版社，2001.

### （三）健身实现全民身心健康

全面发展个人运动，要学习一项技能，达到身心健康的目的，体育在促进健康方面很重要。健康文明的娱乐生活方式，就是爱好体育、学习运动知识、坚持天天锻炼。各种媒体传播体育可以推动健康发展观念的形成，使健身取得很好的效果，在提升人们健身意识的同时，促进人民群众身心健康发展。在实现人人都参与健身和健康运动中，培养人们健康的习惯，提高人民群众的自主锻炼能力，使个人在通过全民健身中身心健康得到充分的发展。

随着现代人生活水平的提升，健身和健康对人民群众都很重要，一些高收入人群对健康的要求更高，通常在健身房参加各种运动锻炼。所以在发展公共体育建设时，一定要满足广大人民群众的健身需求，健身房已被纳入全民健身计划，并且井然有序地发展，规范地运作，为人民群众提供了更好的服务。❶ 相关政府部门要加强对体育的监督和指导，使体育健身活动发挥更大的作用。

全民健身是为了促进全民健康，只有每天保持健身，身体才能健康。幸福美满的生活离不开健康的身体，人民群众身体健康，才能促进社会和谐发展。反之，生活肯定过得不快乐，对于家庭来说也是负担，所以说人人拥有健康的身体非常重要。❷ 人人健康，人民生活幸福，国家才能强大，从而实现"两个一百年"奋斗目标和中国梦。还有一部分人因为工作忙，还没有意识到健康的重要性，所以国家更应该大力推广健身运动，加强对健康知识的传播，使人们活跃起来，拥有健康的身体。健康是推进生活幸福和事业成功的必要条件，经常熬夜、刷手机、打麻将、喝酒、暴饮暴食、吃垃圾食品、饮食不规律、久坐等，都会导致亚健康现象。因此要想身心舒适，每天必须坚持锻炼，以实现全民健身、健康发展目标。

国家的政策目标是实现全民健身的发展，全民健身对于实现全民健康更具现实意义。从观念上来说，全民健身推动健康中国快速发展，健康中国起

---

❶ 郭庆红. 健身运动指导全书 [M]. 北京：农村读物出版社，2012.
❷ 李贵春. 整合高校体育资源提升乡镇居民健身水平 [J]. 体育世界，2012（9）.

着主导作用。健康中国战略实施的方法和设施是实现全民健身，全民健身的实施，体现了人民群众身体健康。健康中国观的核心是健康引导、改革与完善、促进健康。从实现全民健身的角度来看，政府组织体育、社会组织体育、体育产业以及人民群众实现健康的理念，健康中国和全民健身都是以实施全民健康为基础的。

　　促进全民健身现代化发展，是实现全民健身目标的重要途径，人民群众的共同目标是实现全民健身。社会必须提供健身设施和健身服务，进一步推进国家卫生体制改革，全民健身促进现代化治理体系发展。也就是说，在全民共同努力下，实现全民健身运动，建立全民健身协调机制，实现全民健身共治、共管、共建、共享的发展目标。

### （四）推进全民健身计划的实施

　　实施全民健身计划的全面发展，关系到中华民族的繁荣昌盛，我国已颁布《全民健身计划纲要》，在宣传力度上要下功夫，大力推广全民健身理念。特别是中青年人认为自己身体很强壮，不需要体育锻炼，实际上，这都是错误的观念，随着人民群众生活水平的提高，大鱼大肉在餐桌上很常见，现在很多人都处于亚健康状态，所以健康不仅局限于身体缺陷和身体疾病这样简单，而是身体、心理都需要运动锻炼来调节。❶尤其是青年和中年人，他们是推动全民健身运动的主要力量，应该坚持天天参与全民健身运动。所以，要增强全民健身的紧迫感和责任感，树立积极健康的全民健身意识，推进全民健身计划快速发展。

　　加强体育锻炼的宣传，深化全民终身健康和健康第一的观念，不仅在全民健身意识上加强宣传，还要强调健身好处的宣传，让人民群众知道健康的重要性。加强体育宣传理念，要从青少年抓起，在他们参加体育课的时候灌输锻炼有益健康，学校要开展各种有趣的体育项目，让他们从无意识地接受

---

❶　李德平．我国小城镇社区体育俱乐部的发展趋势研究［J］．湖北科技学院学报，2017，37（5）．

体育活动，到积极地参与体育活动。学校除组织学生参加体育活动外，还应着重培养学生的健身意识，让他们从心里喜欢体育、热爱体育。[1]加强学生体育意识，关注他们的身心健康。通过对体育运动的宣传，提高学生对体育的认识和理解，形成自觉锻炼的习惯，促进身心健康。

## （五）建立健全社会化群众体育组织网络

目前，社会体育组织数量不断增加，加强群众体育组织网络建设很重要，各级体育社会组织自上而下不断壮大。群众性体育骨干队伍建设和专业人才培养相对不足，还需要相关部门继续完善群众体育组织网络，保障人民群众参与全民健身组织。在乡镇和社区的基层群众体育组织的建立和完善中，逐步形成以社会体育组织为主体，以社会体育指导为骨干的基层体育组织网络，全民健身的便利使群众充分享受到。定期开展全民健身监测以及全民健身普查，促使人民群众科学积极地参与健身锻炼，全民健身的定期监测很重要，国家要给予重视。全民健身计划的实施依据就是体育活动调查的结果。所以有必要定期开展全民健身监测，全民健身活动的调查，做好全民科普工作。

人民群众健身意识的增强，促使全民健身发展，如果在农村实施全民健身工程，也要增强农民的身体素质意识，推动农村群众体育快速发展。有的农村缺乏体育设施建设，农民都是从事体力劳动者，身体素质差，不利于农村体育的发展。所以在推进农村全民健身运动中要多下功夫，不仅加大对农民健康知识的宣传力度，还要提高他们的健身意识，同时有关部门要加强对农村体育场地和体育设施的改善，逐步推动农村体育发展。

## （六）引导群众积极参与健身活动

实施全民健身运动，必须引起相关职能部门的高度重视，积极指导人民群众参与健身。不仅提高人民群众的体质，还能使健身达到更高的水平，从

---

[1]　陈宁. 全民健身概论 [M]. 成都：四川教育出版社，2003.

而实现全民健身的发展目标。全民健身知识的普及和宣传，使广大群众真正了解到体育的功能和益处。[1]加强对人民群众的领导，实现全民健身活动为社区服务，为基层服务，为群众服务。通过志愿行动，普及专业体育知识和技能，提高全民健身水平。

树立以健康为本的健身观念，在实现全民健身运动中，传播健康意识，实现全民健身的根本目标，需要我们共同努力，带领全民参与到健身运动中。人民群众健身都是以运动为主，运动意识提高了，也有利于科学选择健身项目。坚持锻炼，可以详细地制订健身计划，使身体素质全面提高，在政府部门的积极支持下，快速推动社会健康发展，使体育锻炼成为生活的一部分。

加强体育健身设施建设，根据不同地区布局体育健身设施，为实施城镇振兴战略，重点规划建设体育健身设施。充分利用每个地区的体育健身设施，通过开展各种形式的体育活动，组织人民群众积极参加健身运动，养成每日健身的好习惯。

搞好体育健身设施管理，建立地域管理责任制，明确主体管理和责任，调动人民群众参与体育的积极性。搞好城镇、社区公共体育设施建设，使体育休闲产业得到发展和利用，提高体育公共服务水平，开展全民健身活动，为建设体育强国奠定基础。提高人民群众体育锻炼的科学化和规范化，使广大人民群众积极参与到体育健身活动中。

# 第二节　全民健身运动的价值

## 一、健身运动的全面发展

全民健身运动是自发性的，只要宣传到位，广大人民群众就会主动参与

---

[1]　陈宁. 全民健身概论 [M]. 成都：四川教育出版社，2003.

全民健身运动中。从运动中感觉到身心健康，全民健康素质也有所提高，❶ 人人都参与健身运动，快速推动建设健康中国发展。有氧训练运动可以增强体质、发展肌肉、改善身体形态、在享受身心健康的同时，达到健身、健康的目的，不管是哪种健身运动方式，运动后都能体现出明显的效果。

在人们居住的公共服务体系中，公共健身是人们可以轻松享受的免费公共服务产品，非常实用，为人民群体提供健身场所和器材，引导人们开展全面的健身运动，健身运动能推动人类健康全面发展，随着健身场地的增多，人们对健身越来越重视。

全民健身运动发展意义重大，是与社会经济同步发展，运动能提高全民健身素质。只有人民群众积极参与体育运动，体育运动才能可持续发展，全民健身运动的主要目的是人人参与锻炼，强身健体，实质性是以增强体质为发展目标。全民健身计划在人民群众中实施并推进，以人民群众为主，真正满足全民追求美好生活和健身的需要，实施健康中国战略的基本规划。在完善公共体育设施的基础上，开展群众性体育活动，落实科学的健身方法，整合优势资源，加强协同合作，有效促进全民健身运动的有序发展。

## 二、健身运动提高生活质量

全民健身运动推动社会文明的进步，人们谋求提高生活质量的同时，也追求长寿健康，社会的发展需要全民健身，不仅改善人民群众生活，还能促进社会和谐发展，促使全民健身运动的发展需要社会各界的努力。现代体育文化具有高度的文明性，❷ 使人有高尚的道德观，人的思想升华了，心灵净化了，素质提高了，意志增强了，使人精神焕发，人际交往融洽，更加和谐平等地交流。健身运动作为社会教育重要的手段，同时加强了体育文化建设，对推进社会精神文明建设发挥重要作用，全民健身是提高人们身心素质的重要途径。

❶  肖林鹏. 现代体育管理 [M]. 北京：北京体育大学出版社，2015.
❷  郭庆红. 健身运动指导全书 [M]. 北京：农村读物出版社，2012.

社会建设的发展主体是人民，在当今的社会，由于竞争压力大，工作紧张和生活节奏加快，很容易造成人们的心理压力。如果每天生活在焦虑中，压力不能得到很好的释放，积存久了会引发心理问题，对个人的精神也有一定影响。所以敦促人人参与全民健身活动，使人们心情愉快，身体强壮，开心地生活，压力释放的同时也给人们的生活带来了健康，有利于营造和谐的社会氛围。实现全民健身是促进社会经济发展的重要途径，增强人民群众的体质，增进人的健康就是为社会创造更多财富，推动全民健身运动的长远发展，激发人们的体育意识，促使全民健身体育产业发展。

## 三、全民健身运动构建和谐

现在全民健身主要倡导以休闲活动为主，体育文化具有娱乐性、休闲性。随着社会的快速发展，人们的精神、物质和文化生活水平逐渐提高，人们的健康意识不断增强，对健身的需求也越来越高。全民健身活动的需求总体呈现出高水平、多样化的发展趋势，在全民健身运动中硬件建设非常重要，利用好现在的资源，让更多人参加健身活动，使人们的身心健康得到改善，这是全民健身发展的最终目标。[1]全民健身活动通过科学的健身方法，树立正确的健身理念，培养全民健身观念，使全民健身意识增强，人们可以通过运动来缓解心理压力，使人们身心不再疲惫。体育运动是增强体质、增加娱乐性和休闲性的运动。

全民健身的娱乐活动有户外健身、休闲运动，全民健身运动呈多元化趋势发展，广泛性的体育锻炼和体育娱乐满足人民群众的需求，现在人们的健康意识提高了，观念也改变了，意识到幸福的生活就是身体健康。只有人们身体健康了，推动社会的进步，国家才能富强。人民群众愿意每天参加体育锻炼，才能真正地变得健康，只有树立正确的健康意识，才能实现全民健身运动的目标。[2]在保障全民健身运动的同时，也要保证体育健身的可持续发展。

---

[1]　陈宁 . 全民健身概论 [M]. 成都：四川教育出版社，2003.
[2]　李元敬，王卫 . 体育经济在国民经济中地位及作用浅议 [J]. 现代商业，2015（17）.

　　我国大部分地区的健身活动都处于自发状态，全民体育参与意识迅速提高，健身观念得到加强，全民健身运动蓬勃发展，人民群众将全民健身的热情推向了高潮，促进了全民健身运动的发展。但是，仅仅依靠群众的主动性开展全民健身运动是不够的，设施和场地对开展全民健身也很重要，还有就是宣传全民健身知识，这些因素在全民健身中都发挥着很重要的作用。我国体育产业的发展，不仅保障了人民群众的身心健康，生活质量也有所提高，进一步加强了社会主义精神文明建设。

　　为了系统、可持续地开展全民健身活动，一定开放现有的公园和体育场地，相关部门在城市规划和建设中考虑建设适宜群众性体育发展的场馆。在公园和住宅区都要安装体育设施，以满足人民群众健身的需要，因为随着现代生产的发展和科学技术的进步，人们在工作中减少了大量体力劳动，运动量逐渐减少。许多人总是以各式各样的理由和借口不参加体育锻炼，所以在体育设施健全的情况下，大力宣传体育健身很关键，宣传健身运动的好处，让更多人拥有健康的身体。

# 第三节　开展全民健身运动

## 一、全民健身运动的内涵

　　体育健身在社会经济发展中的作用很重要，不但能改善人的体质，还能提高人对自然的适应能力。随着社会的发展，现在的运动方式越来越多，选择科学的运动方法，进行有氧锻炼，增强体质的同时，能促使身心健康发展。体育已成为社会发展的重要组成部分，推动社会经济文化发展，国家对发展体育事业高度重视，随着人们健身意识的提高，国家大力开展全民健身运动，来推动全民健身健康发展，培养人民群众良好的健身习惯，天天坚持锻炼。❶体育健身成为推动经济发展的重要力量，更深入地促进体育经济发展和体育事业进步。

全面建设小康社会，必须实现全民健康，实现中华民族伟大复兴的中国梦。更深入地普及各种健康生活知识和健身锻炼方法，建立更加完善的全民健身体系，尽力实现全民健身。全民健身运动全方位的开展，为实现民族伟大复兴奠定了基础，促进体育事业迅速发展，达成体育强国目标。体育经济已成为我国当前社会经济发展的重要组成部分，是促进全民健身的最重要保障。

全民健身运动是全民参与的体育运动模式，养成良好的健身习惯，体育锻炼与社会经济发展相关，推动经济发展的同时，增强人民群众的体质。全民健身运动关系到人民群众生活的各个方面，因此，加强全民健身运动是十分必要的。❷全民健身运动是实现人人都参与的体育运动，在全民健身运动的推动下，社会各阶层，不管男女老少，都应该把体育作为日常锻炼的一种活动，积极参与健身活动，实现身体健康。在全民健身运动中，人人积极参加各种形式的体育活动，选择不同的运动方式，在享受体育带来快乐的同时，也成为体育运动的推广者。

体育运动可以使人们增强体质，实现终身体育锻炼，每个人都可以从事多项体育活动，体育产业更好的发展，需要有稳固的消费群体，才能实现长远发展，所以在设施健全的情况下，尽量满足人民群众锻炼身体的需要，实现体育产业的进步和发展。体育产业真正服务于健身产业，提升人民群众的素质，满足人民群众的需要，服务于人民群众健身，实现体育产业的快速发展。

## 二、开展全民健身的重要性

全民健身是引导全民增强体育意识，教育全民体育锻炼的一种形式，不

---

❶ 赵海权 . 新时期我国体育经济发展的战略与路径 [J]. 赤峰学院学报（自然科学版），2017，33（24）.
❷ 徐语 . 全民健身运动在体育经济发展中的重要性 [J]. 中国集体经济，2011（4）.

仅能提高个人的身体素质，还能增强肌肉力量，改善精神状态。全民健身的目的是全面开展运动锻炼，不分性别、年龄，定时开展体育锻炼可以提高全民的整体健康水平。❶ 全民健身具有明显的娱乐性，比如在日常锻炼中，健身设施和器材齐全，人民群众不仅可以按照自己的爱好，选择适合自己的运动器材，还能在体育锻炼中获得很多乐趣。

健身是体育锻炼的一种形式，不仅能强身健体，还有助于预防疾病和延年益寿。生命在于运动，只有长期有规律地运动，才能拥有健康的身体。体育设施和运动器材的及时更新和新颖，也能吸引更多人参与健身运动中，促进全民健身全面发展，最终实现终身锻炼。

身心健康就是人民群众身体健康，从心理上说是生活幸福，拥有高质量的生活。体育运动需要掌握科学的方法，把握好体育锻炼的时间，只要能使心情愉悦就达到了目的，没有必要做过量的运动，否则容易使身体超负荷。在运动中能使身体疲劳感消除，休闲的运动可以舒缓紧张和减轻压力，体育运动还可以使精神放松，这就达到了锻炼的效果。

全民健身运动的参与性很广泛，越来越多的老年人参加晨练，青年人和中年人在业余时间也参加各种各样的体育活动。在信息时代，人们很快地接触新的运动项目，特别是休闲活动更受人民群众的欢迎，参加体育活动是休闲运动的一种方式❷，人民群众在参与体育锻炼时，可以放松心情，独特而富有趣味的运动，是人人自愿参与的健体运动，也是人民群众喜爱的运动。

人们只要坚持锻炼，都会在长期锻炼中看到效果，因此，指导人们的健身锻炼方法必须有一定的针对性。不同类型的运动方法适合不同的人群，现在很多人患有肥胖、高脂血症、高血压、高血糖等疾病，对生活产生严重影响，为了提高人们的生活质量，必须选一种独特的方法来锻炼，预防疾病的同时，还能提高生活质量，但是在饮食方面一定要注意，选择体育运动项目的时候一定在专业人员的指导下进行。特别是患病的老年人，锻炼时不能

---

❶ 陈宁. 全民健身概论 [M]. 成都：四川教育出版社，2003.
❷ 商允祥. 全民健身运动促进策略分析 [J]. 四川体育科学，2016，35（2）.

过度，要适可而止，通过锻炼身体恢复健康，这就是科学的锻炼方法。随着经济的发展和社会的进步，人们在日常生活饮食中，最关注的还是自己的身体，为了增强体质，人们参与体育锻炼的积极性越来越高。全民健身对构建和谐社会很重要，需要更深一步的建设和发展。所以加强公共设施建设，加强群众健身运动，不断提高群众体质是非常重要的。

全民健身计划的实施，有利于推动社会经济发展，特别是农村人民群众观念落后，认为平常的干活劳动就是体能运动，其实不是这样的，健身锻炼要有科学的健身方法，这样才能促进身体健康，所以实施健身计划指导很重要，引导人民消除思想观念，意识到科学的体育锻炼和体育活动不仅使身体健康，还能使自己精神上愉悦。❶政府部门在进一步扩大宣传普及范围时，加强组织管理，营建良好的健身氛围，提高健康意识，促进全民健身活动长久发展。全民健身是人民群众追求幸福与和谐社会的共识，在体育设施相对落后的情况下，人民群众对健康认识不足。随着经济发展，科学技术的进步，人们的生活水平逐渐提高，生活富裕，人民群众对健康开始重视，参加体育锻炼逐渐成为人们的日常需要。

健身体育活动有助于提高全国人民群众的生活水平，丰富人们的闲暇生活，通过积极参与体育活动，人际关系交往密切了，沟通顺畅，家庭与邻里之间的矛盾和冲突减少，更深入地促进社会关系和家庭关系的和谐，推动社会主义精神文明建设，使社会主义和谐社会快速发展，同时推进了社会主义文化的繁荣发展，为实现中华民族伟大复兴作出了贡献。

人民群众生活水平提高了，内分泌失调和其他疾病逐渐增加，由于生活中饮食不规律，缺乏运动和锻炼，使脂肪都堆积在腹部和臀部，从而导致体重的增加。所以经常参加体育锻炼很重要，不仅身体强壮了，体质也增强了，人们对社会责任的价值观得到进一步提高。因此，人们越来越重视健康，知道健康对身体的重要性，体育健身在增强体质健康的同时，还能调整人们的

---

❶　张宏伟，刘红建. 全民健身政策有效执行的价值取向与促进机制［J］. 体育与科学，2013，34（6）.

情绪，使人们永远保持青春活力，增强身体适应社会和自然环境的能力。

## 三、开展健身运动的科学性

现在的年轻人工作压力大，生活节奏快，适当参与健身运动很有必要，并且选择科学的健身方法，比如长期坐办公室的人，经常低头伏案工作，久而久之会引起颈椎的不舒服，如扭颈、耸肩可以锻炼颈部、肩部、背部肌肉，长期坚持锻炼，可以缓解颈椎的不适。久坐对腰椎也有一定的影响，可以选择游泳、慢走、打羽毛球等有氧运动促进腰椎的康复，避免久坐引起的腰肌劳损。❶ 所以，科学的健身很重要，也可以制订健身计划坚持长久的锻炼，促进身体健康。开展良好的体育教育，不仅能提高人们的生活质量，还能延长寿命、预防疾病的发生。随着年龄的增长，身体各部分开始老化，有效地参与体育锻炼永葆身体健康。

社区体育持续性发展，在我国，群众体育和全民健身共同发展，促进经济发展，社区体育活动的运动场地和健身器材，相关人员应引导人民群众积极参与其中，锻炼身体，增强体质，永远健康。锻炼的目标是保持身体处于一种良好的状态，对于中年人是开心地工作，开心地生活；对于青年人是好好学习，身体健康；对于老年人是吃好喝好，健康第一最重要，科学的运动能提高身体素质水平，增强使肌肉力量，增加关节运动的灵活性。如果是肥胖的人，运动可以促进脾胃消化，达到减肥的目的，缓解精神紧张，平衡心理状态，调节人体激素分泌，增强免疫功能，预防疾病的发生。不管什么样的运动，只要使用科学的锻炼方法，长期坚持就能达到预期的目标，通过参加体育活动提高热情，从而更好地坚持终身体育锻炼。

随着现代社会经济和科学技术的发展，人们的生活观念和生活方式发生了变化。社会的快速发展使人们的物质水平提高，同时也丰富了人们的精神生活。全民健身运动作为社会发展的一部分，和人们的生活方式息息相关，

---

❶ 郭庆红. 健身运动指导全书 [M]. 北京：农村读物出版社，2012.

所以人民群众要养成良好的生活方式，才有利于社会主义和谐发展。[1] 为构建和谐社会，有必要使用科学性强的体育锻炼方法，具有一定的针对性，不仅适应社会发展的需要，更能满足人们健身的需求。科学的健身锻炼方法是引导人民群众进行科学的锻炼，引导人们选择适合自身的锻炼项目和锻炼方法。体育研究方法的发展和应用是体育科学技术的前沿领域，决定了使用不同的体育方法，在运动强度上和持续时间上都存在差异，现代社会科学性运动起着决定性作用。

全民健身运动的发展和普及，改善了人们的生活方式，体育运动使人与人和谐发展，相互信任、关心和帮助。在现代社会体育教育活动中，强调团结合作，培养人们的竞争意识和合作意识。实施全民健身计划，推动全民健身事业发展，满足人民群众体育文化日益增长的需要，合理利用社会资源，促进全民健身。[2] 体育运动的发展，不仅能促进人民群众团结，而且能增强国家凝聚力，科学合理地发展体育，将成为稳定社会发展的重要力量，为社会的可持续发展提供保障。

积极开展体育活动，不仅可以促进群众体育的科学发展，还可以大力开展全民健身活动。建立完善的全民健身体系，直接关系到人民群众的健康水平和生活质量的提高，也是构建和谐社会的实际要求。积极开展学校、社区、农村的体育活动，营造良好的健身氛围，让人民群众在社会体育中体验乐趣，逐步培养参与体育的兴趣。在体育锻炼方面，要掀起全民健身的热潮，积极组织人民群众参加丰富多彩的体育活动，促进群众体育健康持续发展。

体育健身能促进身体健康，健康是我国社会主义建设的基础工程，也是社会主义体育的发展目标。因此，我国群众体育发展的目标是增强体质，开展全民健身活动，这意味着我国群众体育蓬勃发展，十分有利于提升全民健身水平。随着我国经济实力的提升以及社会主义生产力的逐步提高，人们急切需要身心健康。现代社会生产生活方式有了改善，人民群众需要有强健的

[1] 邓金平. 社区中老年女性体育健身锻炼的现状分析 [J]. 统计与管理, 2015 (11).
[2] 卢元镇. 全民健身文化建设刍议 [J]. 体育文化导刊, 2015 (3).

体魄，较强的精力适应社会需要，所以人们知道体育锻炼的重要性，那么开展、推进全民健身有深刻意义。体育锻炼是现代生活中必不可少的，只有身体健康才是生活幸福的资本，健康观念早在人们心中树立。

全民健身可以促进经济效益和社会效益发展，推动社会主义物质文明和精神文明建设，不仅能提高劳动者素质，还能提高劳动生产率。开展全民健身活动，利用科学的健身方法，增强人民群众体质，运动有助于减轻和消除身心疲劳，调节精神，提高工作效率，增强抗病能力，预防和减少常见职业病，避免或减少工伤，节约医疗和养老费用。开展全民健身和群众体育活动，对提高劳动者的身体素质，提高劳动生产率具有重要意义，并鼓励人民群众每天坚持参加体育活动。

# 第四节　全民健身与健康中国

## 一、全民健身推进健康中国发展

在实施健康中国战略过程中，不仅要关注全民健身，还要关注人民群众发展的需要。"健康中国"建设计划的提出与实施，要根据社会发展的需要，全面推进、积极实施"健康中国"战略。从国家政府层面来看，体育工作关系到人民群众的身体健康，受到了全社会的高度重视。我们应该重视体育促进健康，加强对人们健康的关注。[1]在不断推进体育事业发展的同时，制订和实施以健康理念为宗旨的体育计划，促进全民健身发展，提高人们对实施体育促进健康的认识，在体育研究方面，制订体育行动计划，加快"健康中国"战略发展。

树立以健康为本的观念，在日常生活中加强健身意识，在全民健身运

---

❶　李博. 健康中国背景下民族传统体育产业的发展［J］. 价值工程，2018，37（23）.

动中，只有人民群众的健康意识增强了，通过大家的共同努力，全民健身的最终目标才能实现。在"健康中国"理念的推动下，人民群众在健身的时候可以选择科学的运动项目，根据自身的健康状况，运动项目时间不要过度。人民群众在日常生活中通过健身活动，不仅提高了参与意识，还能更好地实施体能锻炼，增强机体的抵抗力。体育锻炼是一个长期的过程，在进行科学有效的健身活动中，制订具体的活动计划，坚持长期运动，使体育锻炼成为生活的一部分。

全民健身作为一项国家战略得到推广，为建设健康中国提供了有利的支持。全民健身计划的实施是实现国家战略的重要目的，健身运动不仅能提高人们的身心健康素质，还能使健康管理水平不断提升。所以要实现全民健康战略，构建全民健康保障体系，体育不仅能促进人民群众全面发展，还能使人民群众的精神文化生活得以丰富。当代体育培养人的健康体质，使人具有健全的精神，激发人民群众的爱国情怀，不仅身体健康，还能使人民群众身心全面发展。

在《"健康中国 2030"规划纲要》的基础上，树立新的发展理念，推动新时代全民健身运动全面发展，不断探索新的发展境地，努力工作，奋力拼搏，贯彻落实全民健身战略，努力推进建设健康中国战略发展，为人民群众提供体育运动锻炼。[1] 全民健身活动的强盛和发展，能提高人民群众的身心健康，增强身体机能，达到强身健体的目的，为实现建设健康中国发挥重要作用，实现 2030 年健康中国的目标。

健康中国不再是传统的思维理念，现在主要涉及体育、教育等多个方面，体育在促进健康中国战略中起到重要作用。在实施健康中国战略的过程中，体育与医学、教育要相互融合，完美结合。

全民健身是实施健康中国战略的重要途径，主要目标是通过体育实现健康中国战略，同时全面实施全民健身战略，从而使我国国民健康水平得以有效的提高，人人参与体育活动，营造和谐的健康社会氛围，全民健身运动不

---

**❶** 刘国永. 实施全民健身战略，推进健康中国建设 [J]. 体育科学，2016，36（12）.

仅能增强体质，减轻生活压力，同时还能保护心理健康，使身体达到健康的水平。全民健身活动可以延长人民群众的寿命，提高生活质量，预防各种疾病的发生，通过一定的康复锻炼，有些疾病得以痊愈，总而言之，全民健身是健康中国发展的目标。

全民健身是健康中国的实践者，促进健康中国发展，也就是说，全民健身是有效实施健康中国的重要保证，也是实施健康中国的主要途径。如今生活中最常见的是慢性病，慢性疾病不再是老年人的疾病，现在很多年轻人也因为饮食不规律，工作压力大而患有慢性病。如何有效地预防慢性病的发生，最主要的方法是坚持锻炼和健身，引导人民群众主动参加体育健身活动，改掉不良的生活方式和习惯。全民健身对促进人们的健康起到重要作用。

全民健身活动可以促进健康中国的建设和实施，也是体育环节的重要组成部分。全民健身对促进医学、身体健康一体化有重要作用，可以引导人们通过健身锻炼减轻疾病的发生，有利于促进健康中国建设和发展。❶全民健身在促进预防和康复方面也有一定的作用，使人民群众更加健康，通过合理科学的锻炼达到更好的康复效果。

全民健身实现健康中国战略发展目标，使个人实现终身体育健康的目标，不管是实现全民健身，还是推动健康中国建设发展，都将促进全民健身与全民健康相结合。因此，要真正实现全民健康目标，就必须全面实施全民健身，针对全民健身战略进行设计布局，确保实施全民健身快速发展。❷对于全民健身工作，政府各部门深入社区相互帮助，更好更快地完成工作，在推进全民健身计划工作中灵活运用，督导人民群众在学习中要理论与实践相结合。健身不仅可以增强体质，还能更好地实现健康中国战略发展的最终目标。

实施全民健身计划，推进健康中国建设。在实现医疗与体育整合后，以体育运动促进身体康复，在较短时间内针对康复锻炼，使身体机能快速恢复到健康状态。通过科学指导全民健身活动，为实现全民健身提供有力的保障。

---

❶ 孙小杰. 健康中国战略的理论建构与实践路径研究 [D]. 长春：吉林大学，2018.
❷ 杨光前. 全民健身国家战略长效运行机制研究 [D]. 曲阜：曲阜师范大学，2018.

随着人民群众健康意识的提高，再加上政府部门宣传到位，人民群众认识到运动有利于身体健康。只有全面提高城乡人民群众身心健康水平，才能实现全民健康事业发展。

政府部门要积极不断地引导人民群众树立健身意识，开展各种各样的训练活动，普及科学健康知识。学校要培养青少年积极锻炼的习惯，引导他们树立健康观念，真正实现科学体育对保障身体健康的重要作用。在不断完善全民健身指导体系中，普及全民健身建设理念，促进人民群众树立积极的健身思想和健身观念，通过合理的途径把健身理念融入全民健身活动中，从而促进全民健身的科学化水平不断提高。

## 二、全民健身与体育强国

全民健身是国家体育战略的重要组成部分，是实现中国健康的重要途径。改革开放 40 余年来，我国国民经济快速发展，人民生活水平显著提高。提高人民群众健康尤其重要，国家对人民群众的身体素质和健康水平十分重视，在实施体育设施建设方面投入了很多人力和财力，其目的就是实现全民健身，推动健康中国发展，以打造体育强国为目标。[1]体育的发展对体育相关产品的质量提出了更高的需求，对于消费者的需求也推动了体育产业的发展，所以，开展全民健身活动不仅有利于健康，而且直接促进社会经济的发展。

实施全民健身，打造体育强国是全民健身，利国利民，功在当代，利在千秋的一项事业。政府各部门必须提高全民健身管理水平，在开展全民健身中健全工作模式，坚持以人为本，把人民利益放在第一位，才能保持全民健身事业可持续发展。在发展过程中，要坚持体育为群众利益服务的原则，切实促进全民健身服务的公平与公正。[2]实现城乡体育组织的全面发展，开展全民健身活动，提高全民健身指导和管理水平，引导人民群众多参与有氧运动，

---

[1]　李相如 . 论全民健身战略的国家发展地位 [J]. 南京体育学院学报（社会科学版），2016，30（5）.

[2]　周碎平 . 从《"健康中国 2030"规划纲要》透析全民健身运动的走向 [J]. 南京体育学院学报（社会科学版），2017，31（1）.

比如散步、慢跑、游泳等日常健身活动。通过一定的全民健身活动，最终实现我国群众体育事业全面发展的目标。

体育管理部门对于全民健身服务水平的提高，对于开展全民健身活动起着至关重要的作用。比如，体育场馆、游泳池等健身场所，针对不同年龄、不同健康水平的人群，提供各种健身器材，使全民健身公共服务水平有所提高。促进和谐社会群众体育健康发展，提高人民群众对政府全民健身服务的满意度。激励人们在享受体育运动乐趣的同时增强体质。

体育强国建设需要群众体育的发展，我们应该对群众体育加以重视，群众体育是全民健身的重要组成部分，有利于实现中国梦。特别是在农村，要大力开展体育文化活动，加强对❶健身知识的宣传和引导，从理论上普及健康知识，比如正确的锻炼方式，科学饮食，预防损伤等科学知识。引导人们进行科学的体育锻炼，通过一定健身知识的普及和体育运动的宣传，激发人民群众锻炼身体的积极性，加强体育社会的培养，健全体育设施，更好地促进全民健身事业的发展。

针对我国全民健身和全民健康的发展，提高对全民健身和全民健康事业的认知很重要。要积极开展宣传工作，在普及全民健身理念的同时，强化全民健身意识。另外，政府各部门要加大投入，健身基础设施要健全，保证人民群众在健身时都能利用健身器材来锻炼，随着健康生活理念的普及，人民群众开始意识到健身有利于身体健康。促进人民群众对体育健康的发展，全民健身基础设施建设不仅要完善，还要引导人民群众积极参与到全民健身运动中。随着体育强国工程的实施，政府各部门要对健身基础设施规范化监管，促进全民健身有效发展。

实施全民健身战略和"健康中国"理念。青少年是中国全民健身和健康战略的重要群体，全民健身计划的重点群体是青少年，要大力推广青少年体育活动，提高青少年的身体素质。❷完善青年体育公共服务体系建设，以便培

❶ 李滔，王秀峰．健康中国的内涵与实现路径［J］．卫生经济研究，2016（1）．
❷ 鲍明晓．贯彻《体育强国建设纲要》，办好人民满意的体育事业［J］．体育科学，2019，39（9）．

养体育后备人才，推进并加快体育强国建设。体育强国有助于实现强国梦，所以青年体育在体育强国建设中占有重要地位。从小培养青少年良好的体育健身习惯，才能使群众体育实现长期发展的目标，同时体育产业也能得到快速发展。所以有必要加强青少年体育公共服务体系，来满足青少年体育需求，为实现体育强国奠定坚实的基础。

体育是实现健康目标的重要手段，不仅能使全民健身事业快速提升，还能使体育经济快速发展。人民群众对健康观念发生了变化，对体育需求日益增加，体育健身服务多样化，在全民健身服务实践中，全民健身服务呈现出多种经营模式。❶各种模式在积极实践和探索拓展健身服务时，都以人民群众健身需求为主导，时代发展和社会进步的迫切要求，也是人类文明进步的必然要求，深化体育管理体制改革，快速促进体育产业发展。

"体育强国"理念和"健康中国"理念，都是为了实现中国梦，不仅满足人民群众健康需要，还能提高全民身体素质，同时也是我国体育事业发展的目标。在中国特色社会主义新时代背景下，体育强国建设加快，人民群众身体健康。以体育强国、健康中国思想为指导，深入学习社会主义思想，研究体育强国内涵，使体育强国与健康中国更深入地发展，推进中国特色社会主义伟大事业发展。

体育强国进一步开创体育事业的新局面，使体育运动项目的数量、竞技体育水平达到世界一流水平。我国建设世界体育强国的目标，明确了大力发展城市体育，提高体育社会化水平和体育技术水平，加大优秀运动队管理，提高体育队伍建设工作，为实现世界体育强国宏伟目标做出贡献。

一般而言，体育强国就是通过发展体育使国家变得强大，体育事业主要是包括竞技体育和群众体育。只有全民健身运动搞好了，人民群众身体都健康，才能提升整个国家的健康水平。所以，人民群众的身体素质和健康状况，促进体育事业的发展，群众体育和竞技体育都搞好了才能实现体育强国梦。群众体育反映全民健康水平，竞技体育则代表国家体育运动的硬实力，建设

---

❶　李宏．中国体育文化发展的回顾与展望［J］．边疆经济与文化，2017（7）．

健康中国使我国繁荣昌盛。

体育强国建设要强化以人民为中心的发展理念，把全民健身作为体育发展的核心主体，以满足人民群众健身需要为目的，体育工作的重点是促进全民健身发展。[1]以人为本是建设体育强国的内涵，只有人们身体健康，才能过上美好的生活。鼓励人民群众多参加体育锻炼，有利于生命健康，丰富和发展人民文化生活，使体育成为人民健康生活的重要方式。所以，发展体育应该是全社会的共同目标，为实现体育强国战略目标做出一定的贡献，要把体育发展融入社会生活，实现全民健身，实现体育强国梦。

我国提出全民健身战略目标，努力实现全民健身发展战略目标，社会体育逐步成为全民健身的根本保障，国家战略高度重视社会体育。[2]只有全面普及全民健身活动，才能促进健身文化的发展，随着竞技体育的繁荣发展，人们的健身热情被调动起来，能够快速实现全民健身运动发展。

事实上，推动竞技体育向健身运动发展，是一项既有益于全民健身，又有益于奥运荣耀的发展战略。竞技体育的挑战也能促进全面健身的发展，从而推动体育事业发展，在竞技体育方式下全民健身水平提高，不仅推进社会体育，还能提高全民健身运动技能的发展。所以，要充分发挥体育的作用，将传统的体育理论和健身方法充分渗透到群众的现实生活中，使体育运动在各个年龄段广泛普及，实现全民健身发展。

## 三、全民健身推进高校体育发展

学校开展终身体育教育的目的是培养学生体育锻炼意识，以技能锻炼为主，并养成每天锻炼的好习惯，坚持健康第一的指导理念，增强体质。大学生步入社会后，成为社会的栋梁，拥有强壮身体尤其重要，在大学期间接受

---

[1] 王一然，魏嘉希.探讨体育强国进程中我国全民健身服务供给体系的创新[J].当代体育科技，2014，4（25）.

[2] 朱亚奇，王子朴，朱亚成.新时代体育强国建设中开展全民健身的机遇、挑战及策略[C].第四届全民健身科学大会论文摘要集，2018：478-479.

体育教育，坚持养成终身体育锻炼的习惯。[1]学校体育与社会体育、家庭体育紧密联系在一起，学校体育教育的重点是培养大学生终身体育的习惯，重视学生的体质健康，提高学生的健康水平，同时让学生掌握更多科学的健身方法，培养学生的健身兴趣，养成自觉参与健身的习惯，树立终身体育的观念。学校在体育教育方面要正确引导学生，吸引学生踊跃参与运动项目，在享受健身快乐的同时，要坚持积极锻炼的好习惯，以达到终身体育健身运动目的。

高校体育教育实现全民健身计划。高校体育教育以健身教育为目标，使学生身体素质和思想道德素质有所提高。高校体育教学目标以社会目标为导向，体育教学内容要以生活为导向，使每个学生都能积极参与体育教育，学习更多技能。[2]以学生为主，让他们感受到走入社会以后体育的重要性，从被动参与体育锻炼到主动参与体育运动，让他们知道身体健康的重要性，最终养成终身体育锻炼的习惯。高校体育对全民健身计划的实施具有积极的推动作用，高校体育教育培养了许多具有社会体育习惯、技能和终身体育意识的学生，对全民健身具有明显的促进作用，为实现全民健身计划做出了贡献。学校体育本身就以全民健身为目标，步入社会以后都以社会体育为主，可以引导更多人参加体育运动锻炼，从而推动全民健身活动的发展和全民健身计划的实施。

高校体育教育不仅让学生意识到终身体育的重要性，在走入社会后，对实现全民健身计划也起到一定的作用。随着全民健身计划的实施，高校体育深化改革，高校体育教学内容更加详细、丰富，学生在体育运动上参与的项目越来越多，如攀岩、马术、蹦极、保龄球、滑板、女子拳击、沙弧球、跆拳道、高尔夫球等运动，尤其受到年轻人的青睐。高校体育教育在新时代发展中起到一定的作用。[3]高校体育教育要从优化健身环境开始，加强体育理论课教学，在提高学生终身体育意识的同时，提升学生的心理、知识理论水平，使学生在个人体育锻炼时更好地运用体育理论知识。激发学生参与体育活动

[1]　刘虹.全民健身运动在高校中的普及与发展[J].才智，2018（21）.
[2]　申旭.全民健身背景下高校体育改革方向分析[J].陕西教育（高教），2017（11）.
[3]　刘海明.全民健身计划与高校学校体育关系探讨[J].运城学院学报，2013，31（2）.

的兴趣，强化学生终身体育意识和健身观念，促进高校体育教育改革，为学生提供良好的运动环境。

全民健身计划的实施直接关系到学校体育的发展，高校体育教育在人人实现终身体育中起到一定的作用。高校体育教育要面向未来发展，不仅培养高素质人才，而且要肩负体育教育的观念，并且提高他们的锻炼能力，养成坚持锻炼的习惯。[1]在高校推广全民健身计划，对大学生的身心健康起到很好的作用，培养了学生的健身意识、健身习惯。

高校实施全民健身计划，不仅要依靠体育教师，而且要由学校有关部门共同负责，大力宣传全民健身计划及其意义，以终身体育运动为宣传目的，拓宽学生的锻炼项目，适应社会需求。高校体育教育要加强课外体育活动，培养学生的体育健身娱乐能力，为全民健身计划的实施创造了条件。《全民健身条例》赋予高校体育工作提高青少年体育健康水平，引导青少年参与体育活动的新的历史使命。高校体育应与社会发展相协调，不仅使学生养成良好的体育锻炼习惯，而且有效推进《全民健身条例》的全面实施，实现全民健身，构建和谐社会。高校体育教育以终身体育为目标，为培养学生终身体育能力和体育习惯，必须积极引导学生了解学校体育，为终身体育在学校教学中的进一步实施创造有利条件。

高校体育精神文化是大学生体育精神、道德观念和价值取向的体现，也是高校体育文化建设的核心。校园体育精神文化对实现全民健身目标具有不可替代的作用。在大学校园里，利用新媒体宣传运动员奋斗和挑战自我的精神，引导学生形成正确的人生观，培养学生体育运动精神。高校为学生在学校增加体育锻炼创造机会，最终为实现终身体育打下坚实的基础。

---

[1] 陈卫军. 关于全民健身与高校体育教育发展战略研究［J］. 亚太教育，2016（24）.

# 第四章　运动对人体健康的必要性

## 第一节　运动与人体健康的关系

### 一、运动锻炼对健康的作用

运动时肠胃蠕动频率增加了，消化液分泌增加了，身体运动中消耗的能量需要更多的营养来补充，因此，经常运动的人消化系统都非常好，能够吸收和储存很多营养，对肠胃疾病的预防起到很好的作用。另外，经常参加体育锻炼的人，对生理系统的结构和功能也起到了改善作用，还能很好地改善生殖系统，对疾病有预防作用。人体细胞的不断繁殖促使人的成长，细胞间质不断地增加，人的发育是人体细胞不断分化、器官不断发育、功能逐渐成熟、形态逐渐完善的结果。❶人体是由许多细胞组成的统一完整的有机体，在缓慢的进化过程中，细胞产生高度分化，具有不同的结构和不同的功能，最终形成多种功能的器官系统，任何科学的运动都能促进身体的全面发展，保持内外环境的平衡，推迟各器官系统衰弱，起到防病、强身、抗衰老、延年益寿的作用。

在促进健康发展中，体育健身运动能使人民群众身体健康，所以，人们非常重视体育锻炼。如今的社会，体育锻炼不仅能使人们身体健康，还能改变人们的生活方式，因为现在都是电脑办公，脑力劳动繁重，精神压力增大。体育活动可以使人们身心愉悦，缓解压力，通过一定的体育运动，可以增强人民群众身体素质，在人际交往方面建立和谐的关系。所以，体育锻炼不仅

---

❶　许豪文 . 运动生物化学概论 [M]. 北京：高等教育出版社，2001.

改变了人们的生活习惯，对预防和康复也起到一定的作用。

体育运动受到越来越多人的关注，体育是人们的生活中必不可少的一部分。人们在工作和生活中精神压力大，脑力劳动繁重，导致身体处于亚健康状态。通过体育锻炼，人们可以提高身体素质，驱散心理的焦虑和不安，并且在人际关系方面相处融洽。人们要想拥有健康的身体，一定从生活环境、自身行为、心理方面抓起。

## 二、健身运动促进身体健康

健身运动促使人体生理机能发展，防止一些慢性疾病的发生，运动锻炼在提高生活质量的同时还能保障心理健康。体育锻炼对人智力的发展和提高是很有帮助的，经常参加体育锻炼可以促进大脑的发育，对神经系统的兴奋和抑制起到一定作用，如，对于外界刺激反应更加迅速准确，提高人的视觉、听觉、感觉、神经传导速度和神经平衡，神经系统功能的灵活性增强。[1]体育锻炼对人的情绪的调节和改善有显著的作用，不仅能转移负面意识、情绪和行为，还能消除烦躁和不良情绪。体育锻炼还有利于培养并形成顽强的意志，在体育锻炼中，克服客观、主观困难，坚持长期的体育锻炼，培养良好的意志品质。

体育锻炼能改善人们的心理功能和身体素质，使人身心舒畅，减轻疲劳，对工作和生活充满热情，增强自信心。身体的正常功能活动就是健康，在健康方面，身体的生理健康是基础，要想健康，身体机能正常，各器官系统功能协调，新陈代谢良好。优良的身体素质体现了更高水平的身体健康，满意的生活需求要有很好的体能支撑，有充足的精力完成各项活动。体育锻炼是提高身体素质的关键路径，也是保障健康的有效方法。

生命在于运动，运动有利于健康，随着现代社会经济快速发展，人们的生活水平逐渐提升，思想观念得以转变，生活质量日益受到重视，自我保健

---

[1] 董新光. 全民健身大视野 [M]. 北京：北京体育大学出版社，2003.

意识有所加强，现代人更看重自我锻炼，人们正在用行动创造幸福生活和美好未来。健康的理念、本质、内容和形式都体现了时代的进步和人们对生命本质的认识。体育锻炼可以促进人体新陈代谢，增强各器官、系统功能，达到强身健体、健身的目的。

从体育锻炼方面来看，跑步对身体健康更有好处，慢跑是一种有效的运动方式。跑步是一项基本的运动技能，也是人体在运动中的动作姿态，跑步必须有很多肌群发力，主要锻炼身体肌肉。跑步对心血管系统和呼吸系统也有很大的作用。❶如果天天坚持跑步锻炼，不仅使速度耐力增强，还能增强心肺功能。中老年人如果坚持慢跑，能保障心脏的血液、营养和氧气充分供给，对提升心脏功能有很好的作用，同时可以预防冠心病、高血压、动脉硬化等疾病。有氧运动中大家首选慢跑，慢跑对减脂也有一定的效果，在慢跑的时候，像腰部、背部和四肢都在不停地运动，这样不仅对健身起到很好的作用，还能燃烧一些脂肪，减少体内脂肪储存，对瘦身减肥有良好效果。

## 三、科学合理的体育锻炼

人的生命和健康有赖于身体各器官均衡发展。休闲运动是人类恢复自身健康的重要路径。研究发现，休闲运动的生理益处有很多，可以预防骨质疏松症，肥胖人通过运动锻炼达到减肥的效果。有规律的休闲活动，如散步、慢跑、打球、爬山、游泳等，有利于增强肌肉氧化能力，消耗多余脂肪，增强体质，提高肌肉的耐力。经常参加体育锻炼的人在多项体能指标上都优于不参加体育锻炼的人，经常运动可以促进心血管的活力，改善脑循环和供氧，为脑神经细胞提供更多营养和氧气，使肌肉力量、肺活量以及各器官功能都有所增加，人们的身体达到健康的状态，身体健康水平提高，人体的基本活动能力增强，免疫力增强，疾病的发生减少。

健康代表人的身体、心理处于很好的状态，通过科学饮食、合理的休闲

---

❶ 陈宁. 全民健身概论 [M]. 成都：四川教育出版社，2003.

运动。在体育锻炼中采取科学的方法，才能收获有效的健康。比如过度运动、暴饮暴食等都会对人体健康造成一定危害。所以健康更强调动态适度，体育是一种以体育锻炼为主的基本方式，使人的身心发展，身体强健。这就是参与体育运动所达到的效果。

体育锻炼促使身体健康，体型是人体的整体外观，通过速度、力量、耐力、爆发力等运动的刺激，肌肉得到反复锻炼，使人身体的肌肉利用氧气和储存能量物质有一定的能力，在吸收、储存和利用氧气的过程中，运动肌纤维变粗、有弹性，更加强壮。[1]这就表明了，运动可以有效地促进肌肉和骨骼的生长发育，从而使人塑造完美的形体美。通过一定的科学合理的体育锻炼，人体神经系统可以与相应的肌肉建立神经联系，提升神经系统对四肢肌肉的控制能力，增强呼吸功能。对输送氧气、二氧化碳和血液的循环系统的交换能力很有利，通过身体的运动，使各系统中的肌肉组织运转平稳、功能稳定，推动各系统发展达到最佳水平。

科学合理的锻炼可以促使人们身心健康，运动健身本身就是体育文化活动，要做到及时有效地锻炼和健身，使身心健康发展，还要学习相应的运动技术、技能和运动常识。只有运动观念和运动意识增强，才能达到健身的目的。所以，全面而扎实的体育文化素养是通过体育锻炼健身促进健康之路的必要条件。体育健身的目的是促使人身体健康，但健康需要合理的锻炼，在掌握一定的基本运动技能上，要科学地控制运动的量和时间，如果身体出现不适，要及时调整运动方式。真实、合理地参与体育运动，可以从根本上促进人们身心健康。

---

❶ 阮伟 . 中国体育产业发展报告［M］. 北京：社会科学文献出版社，2014.

# 第二节　运动与人体健康的发展

## 一、运动与健康的意义

人们只有通过体育锻炼才能了解自己的身体状况，体育锻炼一般都是集体活动，使能力得以提升、个人魅力得以展示。体育锻炼也能自我教育，准确地认识自我，及时地改正自己对体育锻炼认识不足的行为，在心理素质和各种能力方面要及时提升，积极参与体育锻炼，不仅能使身体健康，而且使自己成为更适应社会需要的人。

通过相应的体育锻炼，特别是青少年，提升他们的英勇、发奋、坚决、战胜麻烦的思想理念，具有互帮互助、团体主义精神，培育他们的机灵、灵敏、冷静果敢、谦恭精神，使他们具有乐观的心态，踊跃参加各种体育锻炼，有利于身体健康，为身心健康奠定了坚固的基础，促进身心发展。❶体育锻炼促使人的体形发展，人体机能改善了，运动能力提高了，人的意识水平也会相应提高，使人们拥有好心情和健康意识，形成良好的人格特征。

随着社会经济的快速发展，人民群众生活水平不断提升，身体健康已成为现代人追求的目的。随着人们生活节奏的加快，工作压力的增大，再加上交通工具的便利，现代人很少参与锻炼，过着"三点一线"的忙碌生活，忽视了健康的重要性。因为缺乏运动，很多人处于亚健康状态，还有的人患有各种疾病，并且于年轻化。可见运动很重要，运动促使身体健康。在享受美满生活的时候，放下手机，多参与科学适当的运动，因为运动可以让我们身心健康，年轻美丽，生活丰富多彩，健康长寿，只有保持身体健康，才能远离疾病。

健康教育激励人们改善自己不良行为和平常的生活方式，这样对身体具有一定的保护作用，从而降低疾病发生的风险，比如，不吸烟、不过量饮酒、

---

❶ 邬沧萍. 社会老年学 [M]. 北京：中国人民大学出版社，1999.

合理饮食、经常进行体育锻炼，养成这样的好习惯，人人都拥有健康的身体，寿命也会延长。所以健康科普教育很关键，要深入开展全民健康教育。

人们在体育活动中锻炼身体，不仅身体健康，还发展了人脉关系。促进人与人的交流沟通，只有个人意识到体育活动对健康的意义时，个人参与体育才会变得积极主动。有的人对运动的观念还不够深，自认为只有生病了才锻炼身体，这是错误的想法，人们对健康的追求一定要从生活方式开始，只有改善健康状况，选择一些适合自己的项目坚持锻炼，才能实现身体健康。❶个人只有认识到锻炼的重要性，才能改善生活状态，坚持长久的体育锻炼，身体才能永远健康。

锻炼身体可以锻炼五脏六腑，运动要锲而不舍，尤其是按照自己的健康状况选择正确的运动方式，融入自己的生活方式，慢慢变成生活的一部分，变成习惯。❷身体保健离不开日常锻炼，通过运动锻炼，五脏六腑顺畅了，身心才能健康。为了扭转亚健康状态，使人们的身体素质和生活质量得到提高，社会各界需要共同构建健康社会，为促进和谐社会贡献力量。

## 二、运动促使身体全面发展

人是一个整体，整个身体受神经系统左右，协作身体每个器官的活动，比如大脑的思维、生理功能和肢体动作。神经系统的指挥协调能力还可以通过体育锻炼来加强，更好地适应各种环境，对某些器官的功能不足有所改善，使各组织器官变得更强壮。所以加强锻炼是提高神经系统指挥协调功能的最好方法，对神经系统功能有所了解，促使人们对体育锻炼更有信心，参与体育锻炼的积极性、自觉性和目的性更强，坚持不懈地参与锻炼中。

体育运动中，骨骼会受到各种运动负荷的影响，还可以促进骨骺软骨细胞的正常增殖，有利于骨骼的生长，骨骼的血液循环在运动过程中加速，保障骨骼的营养供给，加强新陈代谢，从而促进骨骼生长发育，骨密度增厚。

❶ 邬沧萍. 社会老年学 [M]. 北京：中国人民大学出版社，1999.
❷ 许豪文. 运动生物化学概论 [M]. 北京：高等教育出版社，2001.

运动锻炼还能提高关节的稳定性，加强关节的灵活性和运动范围。体育锻炼还可以增加肌肉体积、肌肉力量，肌肉纤维周围有更多毛细血管，肌肉中毛细血管的数量增加，并为肌肉提供血液供应。只有肌肉工作能力提高，肌肉中的肌糖原、肌球蛋白、肌动蛋白、肌红蛋白和水分含量增加，肌肉收缩能力才能提高。

运动中呼吸肌力量加强，对肺组织的生长发育和肺的扩张是很有利的，肺活量也有所增加。❶运动不仅能提升肺部的通气能力，同时身体利用氧气的能力也得到了提高。运动还可以锤炼人的大脑和人的神经，使神经细胞的力量和耐力得到提高。运动还能促进人的心理健康，使人在各种环境中都具有很好的适应能力。大脑左右人的思想，心理健康代表身体正常发育，神经系统和大脑的正常健康发育很重要，所以积极的体育锻炼能够使人身体健康发育，为智力发育提供坚实的物质基础。

体育是以体育运动为主，以寻求个人身心健康和全面发展为目标，通过体育锻炼能增强身体素质，改善健康。健康就是要保持身体健康、心理健康的一种状态。体育锻炼对人体健康起着重要作用，是促进身体健康最积极的方式。

人的生长发育离不开体育锻炼，通过体育锻炼可以直接激发运动器官，如骨骼、关节、肌肉等，从而使其发生变化。体育锻炼可以刺激骨骼，使骨骼中的矿物质增加并吸收，促使人体长高，对骨骼肌产生一定刺激，可以增加肌肉蛋白质的合成，从而对肌肉细胞的新陈代谢起到改善作用，促进肌肉发育，增强人体的宽度。❷所以促进人体生长发育就要坚持运动锻炼。体育锻炼对改善心血管功能也有一定的作用，骨骼肌的功能增强，使骨骼延缓衰老，减少和避免疾病的发生。

体育锻炼可以使人对外界刺激作出快速准确的反应，对增强人体的适应能力起到很好的作用，使人体对疾病的抵抗力有所提高。体育锻炼能增强体

---

❶　陈竺．"健康中国 2020 战略"研究报告 [M]．北京：人民卫生出版社，2012.
❷　许豪文．运动生物化学概论 [M]．北京：高等教育出版社，2001.

质，为心理健康的发展奠定物质基础。心理健康的发展必须建立在正常健康的身体之上，特别是神经系统和大脑正常健康发育，只有身体正常健康发展，人的心理才能健康。体育运动是心理发展的动力，很好地促进自我意识的发展，纠正个人的认知和行为，提高心理素质和各种能力。

## 三、加强运动锻炼提高生活质量

全面健身运动对增强人们体质和提高生活质量有很重要的作用，同时促进体育事业的发展、精神文明建设，对全面构建社会主义和谐社会具有重要的意义。当今的人们不仅注重物质生活，还追求精神生活。所以亚健康人群随处可见，对工作和学习都产生很大的影响，健康不再是个人的问题，而是整个家庭的问题，只有人民群众身体都健康，社会才能和谐发展。人们参加健身运动，身体内会分泌多巴胺，多巴胺能缓解人的情绪，使人感到开心、兴奋，所以体育健身有利于人们身心得到放松。体育运动是以锻炼为目的，以健身娱乐为主的活动，人们通过健身不仅身体健康，体质增强，身体机能也有所提高，还能改善睡眠，使身心愉悦，坚持长期运动锻炼，才是生活的重中之重。

运动对老年人心血管也有很大的好处，血压会根据年龄、季节、气候的不同有所不同，睡眠充足，心情愉悦，再加上适当的运动，血压会很平稳。如果情绪变化大，参与剧烈运动，再加上工作压力大，那么会导致血压升高。所以鼓励老年人不要参与剧烈的运动，保持心情舒畅，预防疾病的发生。老年人还可以选择适当的运动方式，积极参加体育锻炼，保持正常的血压，有效预防心血管疾病的发生。

体育活动是在闲暇的时候进行身体锻炼来愉悦身心，比如散步、爬山、游泳等运动，也可以在家看电视，通过观看体育比赛等节目，来放松心情。体育是社会文化的一部分，现在大众体育文化传播和发展都很快，体育文化成为人民群众生活中不可缺少的一部分，参与体育锻炼后，使家庭和睦，身体健康。每天健身运动在全民健身中掀起了热潮，促使全民健身可持续发展。

现在国家非常重视全民健身运动，并加大宣传力度，加强全民健身投资建设和管理制度。领导人民群众参与锻炼的积极性，并了解他们的健身状况，多组织一些体育技术培训和指导，实施国家政策，使人民群众积极参与体育锻炼。在体育运动中身心得到解放，精神焕发，促进身体健康。体育运动能适当唤醒中枢神经系统，在运动后明显感觉到心情愉悦，在一定程度上缓解工作和生活中的疲惫。在轻松快乐中放松自我，既强身健体，还丰富业余文化，不仅促进人们身心健康，还能促使全民健身运动快速开展。

随着现代人生活水平逐步提高，环境污染、生态失衡的现象越来越严重，为了能够更好地预防疾病，人们只有提高自己的免疫力来抵抗疾病。轻快的运动能刺激体内的免疫系统，加强体内细胞免疫细胞的数量，使细胞的功能活性提高，体内抗体的分泌和细胞因子增强了，促进免疫力，这样可以增强机体的抗病能力和预防疾病的能力。

# 第三节　有氧运动对人体健康的效应

## 一、有氧运动概述

通俗地说有氧运动是指有氧代谢运动，是加强体内氧气的吸入、运输和利用为主要目的的持久运动。在参与有氧运动时，人体的新陈代谢水平提高，对血液和氧气的需求也相应增加，使人的心跳加速、肺呼吸加快，可以补充人体对血氧需求的增加，实现运动时血氧供需平衡。有氧运动的目的是增强心肺耐力，需要呼吸、循环和肌肉新陈代谢不断增加。[1] 常见的有氧运动项目包括瑜伽、步行、慢跑、滑冰、游泳、骑自行车、打太极拳、跳健身舞、做

---

❶ 林天皇. 运动教育模式理论评析 [J]. 中国学校体育（高等教育），2015，2（2）.

节律操等。

随着人民群众生活水平的提高，人们现在追求的目标就是身体健康，有氧运动方式是对人民群众最有利的，是人们在体育锻炼的时候体内氧气十分充足，也就是说，人们在运动的时候，人体对氧气的需求和吸入一样，达到一种生理平衡的状态。有氧训练是一个长期的运动过程，可以增强人体吸入氧气和使用氧气的能力。[1]有氧运动除了主要由氧气参与供能外，还要求全身主要肌群参与，运动持续较长时间并且是有韵律的运动，最适合有氧训练的负荷是每周 3 ~ 4 次，每次持续 20 ~ 30 分钟。长时间的有氧训练增加体内血红蛋白数量，提高身体对衰老的抵抗力，以及大脑皮层和心肺功能效率，燃烧脂肪，防止动脉粥样硬化，从而降低心脏脑血管疾病的发生率。健身锻炼的有氧运动包括步行、慢跑、游泳、骑自行车等。有氧运动是大多数运动者的首选锻炼方式，有氧运动对身体各器官的负重比较小，对身体部位不会造成很大的伤害，所以最好的体育锻炼方式首选有氧运动。

老年人在运动中应适当减少有氧运动的难度，以免心脏承担较大的负荷，发生危险。有氧运动过程中，女性的运动难度可以稍微减少，在时间上适当延长，自我感觉良好就行，不要过量锻炼，在运动之后，如果全身出现轻度不舒服、疲乏、肌肉酸疼的感觉，在休息后自行消退，则说明是正常现象。如果感觉筋疲力尽、肌肉疼痛，并且休息一两天症状不会消失，这就说明运动过量，下次再运动的时候要减量。

有氧训练对身体健康是很有益处的，通过有氧运动的锻炼不仅能提高自身的心肺耐力，因为在运动的时候，肌肉收缩需要大量的营养和氧气，所以心脏收缩的次数增加，并且输送出去的血液量增多。在运动过程中，对氧气的需求增加，呼吸次数也比平常多，因此，肺部舒张变大。如果长时间运动，肌肉也会收缩很长时间，心脏和肺部需要向肌肉提供大量的氧气，这种持续的需要，使心脏和肺部的耐力增加，当心脏和肺部的耐力增加时，身体可以进行更长时间或更高强度的运动，并且感觉不到疲劳。

---

[1] 张钧，张蕴琨 . 运动营养学 [M]. 北京：高等教育出版社，2006.

运动的频率主要取决于锻炼的次数，一周只锻炼一次肯定对健身效果不是很好，如果一周每天锻炼，人们就会感到疲劳，坚持不了多久，所以每周锻炼 3 ~ 4 次是最好的，养成每天坚持锻炼的好习惯，如果刚开始参与运动，那么锻炼要循序渐进，从一周锻炼两次，逐渐增加到一周三次。❶如果每天运动量过多，身体就会吃不消，引起身体不适，比如出现肌肉酸痛。所以，合乎情理地安排运动量很重要，建议运动前喝一杯温开水，热一下身体，以减轻有氧运动引起的身体不适感。

有氧运动早期的主要能量来源是肌肉中的糖原，在长久的弱强度的有氧运动中，身体强制代谢脂肪，远远超过糖代谢脂肪，细胞运动的重要能量来源于脂肪。随着运动量的加大，呼吸循环系统供氧能力增强，运动时间越长久，消耗的脂肪就越多。如果连续锻炼半小时以上，消耗的热量大部分都是通过燃烧脂肪所供应的。所以，长久保持有氧运动，有助于减脂减肥。随着有氧运动在衰老过程中氧化应激的增加，肾脏的抗氧化能力增强，有利于防止或延缓肾功能下降。体育锻炼还可以加速身体脂肪、糖分、蛋白质的分解，在一定程度上，促进脂类的新陈代谢，还可以改善心肺功能，减轻外周血液循环阻力和心脏负担，对心脏和脑血管疾病有很好的预防作用，延长身体各器官寿命。

## 二、有氧运动对人体的作用

运动锻炼的耐力一般是指长期的运动，靠借助外力来进行的运动锻炼。当运动强度比较低时，耗费的能量和氧气相对较少。把氧气输送到组织细胞，来协助燃烧碳水化合物和脂肪。当氧气供给充足时，人体内的碳水化合物就会氧化分解，并产生二氧化碳和水，排放一定的能量。❷因为碳水化合物被充分氧化分解，所以体内没有乳酸聚积，在延长运动时间的时候，身体会持续消耗。所以，有氧运动可以充分氧化体内的碳水化合物，耗费体内脂肪，心

❶　余君．竞技运动实用营养指南 [M]．武汉：湖北人民出版社，2012.
❷　田麦久．运动训练学 [M]．北京：高等教育出版社，2006.

肺功能得到增强和改善，防止骨质疏松，同时调整精神状态，所以长期坚持有氧运动是健身的主要锻炼方法。

有氧运动使心率改善，心肌强度增强，心脏的力量主要表现在心率上。健康成年人的心率，男性为 65～75 次／分钟，女性为 70～80 次／分钟。长久保持有氧运动可以提升中枢神经系统对心血管系统的调理作用，人处于静寂的状况下，心率虽然低，但心功能增强。长久的有氧运动对心脏的容积起到加强作用，使心脏的收缩能力增强，舒张期也得到延长，使心脏得到充分休息。所以，长期坚持有氧运动的人，心肌纤维变粗，血管弹性增大，血液中红细胞数量增多，同时增加白细胞活性，缺乏有氧运动的人，发生高血压、高血脂、动脉粥样硬化、冠心病等疾病的概率会很高。

有氧运动还可以促进全身血液循环，长久舒服的有氧运动给身体的生理过程提供足够的氧气，使体内脂肪、糖和蛋白质加速分解，分解脂质和胆固醇，血液黏度降低，血液循环良好，血压自然而然就降低。运动康复还可以加强机体氧气的摄入，心肺功能得到改善，预防冠状动脉痉挛、梗塞。有氧运动使心肌更健壮，跳动更强烈，每次跳动都会进出更多的血液，有效地改善了心脏本身的血液供应。

肌肉的耐力和供氧能量是息息相关的，由于长期运动可以提升肌肉的耐力，其效果因运动类型、运动强度等条件而不同，靠上肢的握力练习来提高手臂力量和腕部力量，借助爆发力的练习能使局部肌肉的耐力增强。

运动训练不仅加强了心脏血流量，而且促使侧支循环形成，使心肌供氧量增加，运动能力和运动耐量提高，防止冠状动脉狭窄的复发。长期做有氧运动的人，身体利用氧气的能力增加，具有更健康的心脏，身心素质更好。❶有氧运动不仅减轻心理负担，而且调解人的情绪，使身心健康。做有氧运动时，大脑皮层会产生一定量的兴奋灶，从而使心理得到满足，运动快感提升。

在运动锻炼中，骨骼肌的运动功能很重要，进行肌肉锻炼时，体内物质和能量的转化速度加快，加强了许多重要的生理机能，而在肌肉锻炼后的恢

❶ 孙岩．短道速滑有氧耐力训练方法再认识 [J]．才智，2015（34）：259.

复期，体内物质和能量的转换会朝着合成和储存的方向发展。长期运动会导致骨骼肌肥大，在运动性骨骼肌肥大过程中，肌纤维的直径和体积增加，主要是由于肌原纤维数量和体积增加，以及幅度增加。运动能明显地提高骨骼肌对肌球蛋白的敏感性，肌球蛋白活性增加，使骨骼肌酸碱度增加。运动对骨骼肌线粒体代谢产生一定影响，线粒体是细胞内能量提供者，主要提供肌纤维收缩所需的能量，但由于肌纤维种类不同，骨骼肌的收缩力也不相同，所以人们一定要选择适合的项目进行锻炼。

## 三、有氧运动和无氧运动

有氧运动是指当运动强度变小时，氧气供应充足，身体从能源物质的有氧氧化中获得能量。有氧运动的一般特点是运动的强度不是很大，涉及一些大肌肉群，是全身性运动，运动时间非常长，一般运动是比较有规律的，比如慢跑、散步、骑自行车、爬山、低强度舞蹈、太极拳等。[1]一般锻炼者应该以有氧运动为主，因为有氧运动的强度比较小，对身体各个器官的负荷也比较小，不容易出现意外伤害事故，也能达到较好的运动效果。

全国青年人口占相当大的比例，他们的身体状况直接影响着身体健康，应该引起重视。青少年正在成长发育阶段，身体体质水平的高低直接影响健康。比如体形是否均匀、健美，都会对他们以后身体素质、心理健康有很重要的影响。所以他们参与体育锻炼和科学健身具有重要意义，促进他们养成参加体育锻炼的好习惯，从体育锻炼中获得乐趣，并塑造完美的体形，提升他们终身体育的意识。

有氧运动是有氧代谢下运动消耗体内多余的脂肪，有氧运动能改善人体心脏功能，能使心脏的肌肉变得更壮实，跳动更有力，每次都进出更多的血液，改善心脏本身的血液供应。还能加强肺功能，加深和加快肺部呼吸，使肺活量提高。坚持有氧运动，血压可以保持平稳的状态。如果体力活动不足和暴

---

[1]　丁蜜笑. 浅谈有氧运动与无氧运动的训练［J］. 新校园（上旬），2017（2）：113.

饮暴食会导致肥胖。肥胖的人会增加患高血压、心脏病和糖尿病的可能性。如果每天坚持有氧运动，还能消除脂肪，对减肥也有一定的效果。有氧运动还有消除肾上腺素的作用，有效地控制生活中的紧张情绪。每天坚持运动的人都能感觉到有氧运动后的舒服。有氧运动还能增加骨密度，预防骨质疏松，在快走的时候，增强骨骼负重能力，很好地预防钙流失，还能锻炼骨骼和关节的柔韧性，以防骨折的发生。

无氧运动就是运动强度比较大时，供氧不足，身体可以利用糖原糖酵解产生乳酸获得能量。❶有氧运动和无氧运动的区别在哪儿呢？主要是在运动过程中是否产生乳酸。无氧运动在运动当中的特点是强度大，活动部位较为有限，主要以小范围的肌肉活动为主，运动时间相对较短。例如，最常见的力量运动有举重和沙袋。

无氧运动是指在缺氧状态下对肌肉进行高速剧烈运动，大部分无氧运动是高强度的瞬时运动，所以不应坚持太长时间，运动后消除疲劳也很慢。无氧运动就是运动时氧气的摄入量很低，由于速度过快和爆发力太猛，❷使人体内的糖分来不及被氧气分解，要依靠"无氧供能"，所以乳酸在体内产生过多，导致不能长时间持续锻炼，运动后使肌肉酸痛。在无氧运动后，人会感觉筋疲力尽，肌肉酸痛会持续数日才能消失。比如高强度无氧运动，像百米跑、跳高、投掷、举重等，老年人不适合这样的运动项目，因为效果不好。

适当的运动不仅可以延长衰退，还可以改善身体生理机能，在运动方面对老年人的指导还是不够的，除了普及低强度的有氧运动之外，还可以让老年人适当加强肌力锻炼。指导老年人练习交替运动，就是有氧运动和无氧运动相结合，这样能增强人体各生理系统功能，更有益于保持身体健康。最常见的有氧运动有慢走、小跑、跳广场舞等低强度运动，自身体重能承担的无氧运动如举哑铃，可以使肌肉力量增强，延迟肌肉力量降低。适当的力量运动有助于激发成骨细胞的活性，保持骨量，预防骨质疏松。

---

❶ 田麦久 . 运动训练学 [M]. 北京：高等教育出版社，2006.
❷ 刘锐 . 无氧运动训练理论机制与实践研究 [J]. 宿州教育学院学报，2018，21（3）.

# 第五章　运动营养与健康

## 第一节　营养的重要性

### 一、营养概述

营养就是人体消化和吸取食物供应人体的养分，包括摄食、消化、吸收和内部利用，人体生长的需要是从外界食物中摄取，人体在生长和发育过程中所需要的各种营养成分，比如蛋白质、脂肪、糖、无机盐（矿物质）、维生素、水和纤维素等，就是维持生命的养分。

营养是中国文化中的词语组合，由"营"和"养"组成，要理解它，我们必须从每个字的含义开始，才能有一个正确的理解。"营"特指食物进入人体消化后在血管中运行的清气（血液）。"营"是食物经人体胃消化后的有效成分。人们应该选择对身体有益的食物，以保持健康，了解自身身体的需求与了解食物的性能一样重要，个人的健康需求与每个人的体质、时间和地点直接相关。❶同时，每个人的性别、年龄和职业对健康需求也有直接影响。

中国食品科学中的营养是体现在食物具体应用的整体过程中，而不是根据食物的成分来判断的。不管食物的蛋白质含量有多高，如果食物的表现不是食用它的人所需要的，那么食物对健康是无益的，我们摄入食物的根本目的是相同的，即保持健康的平衡。

人类的生命活动必须通过食物的摄入来维持，合理的营养对人类活动有巨大的影响。在日常食物摄取过程中，营养素的摄取要适中，不能过多，也

---

❶ 郭勇力，刘霞. 实用营养学 [M]. 北京：北京体育大学出版社，2013.

不能过少，只有合理的均衡营养才能保证人体的正常机能。如果营养素摄入不足，就会引发很多疾病，所以合理的营养是预防疾病的关键。

所谓合理营养，是指膳食营养在满足机体需要方面能够满足相关要求，即膳食提供给人体的营养成分齐全、数量充足，能够保证人体的需要，身体的各种生理活动的需要。由现代营养学的相关研究内容可知，维持人类生命活动所需的营养素主要包括蛋白质、脂肪、碳水化合物、无机盐（包括微量元素）、维生素和膳食纤维。正常饮食中，这些营养素的摄入不仅要保质保量，还要保持不同营养素之间的一定比例，以保证合理均衡的营养，从而保证我们身体所需的各种营养素。

营养是指生命体通过不断从外界摄取所需物质来维持相关生命活动的一个非常具体的过程。细胞是构成人体的最基本单位，人体的相关组织由数亿个细胞组成，器官则由相关的组织构成。正是这些器官构成了人体系统。[1] 我们从日常食物中摄取生命活动所需的相关营养素，而这些营养素是构成细胞生命活动物质的重要来源。细胞的健康直接决定人的健康，所以我们必须摄取足够的营养来满足细胞生命活动的需要。

只有适当的营养才能保证身体健康，而营养不合理往往是导致疾病的关键因素。合理营养是指膳食营养在满足机体需要方面能够满足相关要求，即膳食提供给人体的营养是完整和充足的，能够保证机体各种生理活动的需要。日常饮食中，一定要合理地膳食，树立科学的营养观，只有这样，我们才能保持健康，预防疾病的发生。

## 二、加强营养知识教育

营养教育是健康教育中很重要的一个组成部分，相当于一个分支教育，其包含对知识的传播、端正营养态度和饮食行为的直接改正。主要通过交流信息和行为的干扰，给人民群众在食物、营养、卫生和生活方式上以帮助的

---

❶ 张文栋，杨则宜. 实用体能训练营养学 [M]. 北京：人民体育出版社，2014.

过程。清除人民群众在膳食营养中影响健康的危害成分，使营养状况得到改善，预防营养不良性疾病的发生，增进人们的身体健康，提高生活质量。营养教育要全面地开展在社区，为人们讲解知识、技能和社会服务，从而改变饮食，指导人们树立营养意识，健康合理饮食，在饮食和生活方式上养成良好的习惯，认真对待营养和食品卫生，保证身体永远健康，通过饮食来调整预防、控制疾病的发生。

要及时在社区开展营养教育，纠正人们不良的生活习惯，均衡饮食加适当的体育锻炼，让人们认识到均衡饮食对人们健康的重要性。我们通过调整营养素的摄入量不仅能预防疾病，还能治疗疾病，有助于降低发病率。[1] 社区的营养教育对于未来预防疾病至关重要，因为社区是一个大家庭，营养教育可以在这里开展。它不仅可以预防疾病的发生，控制发病率，还可以控制疾病的发展，促进患者康复，减少药物用量，指导患者合理饮食，巩固疗效，防止疾病复发，最终达到提高大家生活质量的目的。

社区的营养教育活动要实时地开展，对人民群众生活中出现不良的习惯，要及时纠正，一如既往地鼓励好的生活习惯，人们身体健康就是让大家认识到均衡饮食对身体的重要性。对营养成分的摄入量可以通过调整来满足身体需求，这有助于降低发病率。社区教育对未来疾病的预防起到很重要的作用，因为社区是一个大家庭，重点宣传营养对身体健康的作用，在营养摄入菜系搭配方面多多指导。不仅让人民群众知道通过运动来预防疾病的发生，还可以通过食物的摄入控制发病率，促进身体康复的同时还能仰制疾病的发展，指导人民群众合理地饮食，合理地增加营养。

营养和饮食在人类健康中起着基础和核心的作用，人类健康长寿靠的不是药物，而是营养、饮食和生活方式的改善。生活方式是指人们在日常生活中合理的饮食、生活行为和习惯。[2] 饮食行为和习惯会直接或间接地对个人和群体的健康产生有益或有害的影响，培养健康的生活方式和修养，良好的饮

---

[1]　吴坤．营养与食品卫生学 [M]．北京：人民卫生出版社，2006.
[2]　蔡美琴．医学营养学 [M]．上海：上海科学技术文献出版社，2001.

食习惯是保持健康和控制疾病的关键。

合理的营养膳食是指全面供给有益于人们身体健康的平衡饮食，在饮食中所含营养素种类齐全、数量充实、比例适中，从而达到人们在饮食中所摄取的营养素与人体的需求平衡。合理营养提供人体所需的热量和全部营养，在饮食方面要有良好的色、香、味和饮食的多样化，并且食物容易消化吸收，有一定的饱腹感。在保证饮食营养合理的同时，要有良好的饮食环境，食品要新鲜、干净，在加工食品和烹调过程中要保证食品熟透和卫生。

对社区人民群众的饮食指导活动，除了在现场指导外，还可以利用板报宣传不良饮食，针对不同的季节，注意饮食，避免造成疾病的发生，比如吃隔夜菜、放时间长的熟食肉等不合理的摄入，都会导致疾病的发生，所以要充分发挥社区教育的指导作用，知识的传播很重要，以家庭为单位，让健康走进千家万户，通过合理的饮食，均衡的搭配，适度的锻炼，拥有健康的身体是必须的。❶社区的宣传和健康教育的宣传要落到实处，也可以作为行为的实例，最重要的是宣传到位。还可以采取多种形式和方法开展行为干预，比如可以把家庭主妇组织到一起，促进、培训和指导家庭主妇合理饮食。社区学校应提供营养膳食，将饮食内容纳入健康教育，在社区内进行现场烹饪表演，通过各种活动，促使人民群众做出更好的美食。

通过社区的宣传，让大家知道不良的饮食行为将危害身体健康，积极动员家庭和个人参与体育健康运动。社区须通过人口调查，了解他们的营养情况，寻找他们在饮食方面的不健康行为，导致疾病与不健康饮食之间的简介联系。只有宣传到位，人们才能意识到不健康饮食的危害，才能积极预防疾病。在社区开展多种形式的宣传和指导，讲解如何健康饮食和烹饪，通过各种活动，改变人民群众的饮食观念和行为。

❶ 葛可佑. 中国营养科学全书（上下册）[M]. 北京：人民卫生出版社，2004.

# 第二节　运动营养与健康

## 一、运动与营养的关系

随着不同人群对运动营养的需求日益增加，运动营养已经发展成为一门独立学科，成为运动科学的研究热点。运动营养有多种定义，运动营养学是应用营养学、生理学、生物化学和运动机能学的结合，研究和评价运动后人体的新陈代谢和体质，并提供合理的营养补充、恢复方法和运动指导的科学。本学科对竞技体育的科学训练，增强体质，提高运动成绩具有一定的作用，在全民健身运动中起到促进健康的作用。

"生命在于运动"这句话可以说早已深入人心。但是，至今人们对于运动健身仍然有很多误区。大多数人认为只要运动了就会健康长寿，其实不然。不科学的健身运动并不能得到预想的结果，甚至会危害健康。

只注重运动而忽视营养，也不会健康。运动营养与健康促进是将科学健身与合理营养紧密结合，形成完整的全民健身与运动营养指导与支持体系，为全民健康促进与体质增强提供可操作的认知与实施渠道❶，国民健康是强国的活力象征，是社会文明进步的体现，是国家综合实力的体现。如今，到了通过运动营养干预来解决我国不同人群的健康问题的时候。人们掌握运动营养的科学健身方法，养成规律运动、合理营养的生活方式，是提高全民健康水平的最佳途径。

在了解了运动与营养的关系以及各种运动的营养特点后，我们可以根据这些特点对所需的运动食品进行分类，遵循运动食品的设计原则，选择运动食品原料，合理地添加设计运动营养食物。人体生长发育和健康与营养和体育锻炼密不可分，只有身体营养补充充足，人们在长期的锻炼中才能获得预期效果，当运动的时候，身体内的代谢物质增加，消耗了大量的热量和各种

---

❶　柳新义. 大学生体育锻炼与营养饮食卫生 [M]. 郑州：河南大学出版社，2013.

营养物质，只有充分供给身体所需营养，才能达到运动的目的。

长久的运动，特别是夏天运动后，身体消耗大量热量，这时更要按时补充水分、维生素、无机盐，可以预防低血糖，在运动后会出现大量的排汗，只有平衡保持体内水电解质，防止无机盐流失，运动的能力下降、肌肉会出现痉挛和心律失常，有助于运动后身体尽早恢复，运动后在饮食上要及时地补充热量、蛋白质、维生素和无机盐，在水里面可以加点盐，补充的食物要容易消化吸收，尽量多吃水果蔬菜。

健康的身体离不开坚持不懈的锻炼，在做运动的同时，需要补充足够的营养，以满足肌肉生长和燃烧的需要。合理的营养可以促进身体机能的改善和免疫功能的增强，有效预防疾病侵入。良好的营养组合不仅可以提高人们的运动能力，而且有利于运动者的运动表现。《运动营养实践指南》一书指出，从食物中提取的营养素是人体组织的重要物质基础，适当运动，摄入合理营养，两者有机结合，才能科学促进人体健康，免疫系统的生长和发育。人体如果单方面摄取大量营养却不注意运动，只会造成身体营养过剩，产生多余脂肪。❶体型虽大，但因缺乏肌肉而虚弱无力，甚至出现活动障碍，更易患病。盲目从事高强度运动，会导致缺乏营养，身体会消耗大量自身能量，造成营养不良。对于未成年人，会导致生长迟缓甚至停止生长；对于成年人，则会导致免疫力下降，强度降低，从而危害健康。本节从营养摄入和体育锻炼的角度阐述了两者缺一不可的密切关系。

当下，积极参与体育运动是提高人们生活质量的重要途径，现代人的生活节奏如此之快，体育锻炼的必要性不容忽视。人类自幼就有运动的需要，只有通过不断的体育活动和行为的拓展，才能逐渐具备基本的运动能力，从而使各项身体素质得到稳定和提高。❷人们通过锻炼体力、运动速度、身体耐力、反应敏捷性和身体柔韧性来适应复杂的生产、劳动和社会工作。人类如果保持规律的体育锻炼，可以保证骨骼的血液供应充足，骨骼会逐渐变

❶ 许豪文. 运动生物化学概论 [M]. 北京：高等教育出版社，2001.
❷ 王凡，贺圣文，金笑笑，等. 养老机构老年人营养状况与生活质量相关性研究 [J]. 实用预防医学，2017，24（6）.

厚，骨径会变粗，骨骼周围的肌肉也会变得更厚更硬，这将大大减小人们骨折和扭伤的风险，热爱体育锻炼，尤其是喜爱户外运动的年轻人，视力也有很好的提升。良好的营养吸收与规律的体育锻炼有机结合，是塑造健康体魄和高品质生活的最佳途径。现代科学的飞速发展或许可以让人们的生活变得更加智能便捷，但运动和摄入营养这两件事必须由人类来做，只有拥有健康的身体才能更好地工作和生活。

## 二、运动营养与健康的关系

大健康时代，人人都在追求健康，包括心理、生理、社会、环境都能够和谐发展。做一个全面健康的人，应具备强壮的身体、充沛的精力、愉快的心情、美满幸福的生活。在实现全面小康社会的今天，人们对健康的认识应该有一个提高，只有身体健康，生活才能幸福。在这样的基础上，即要合理饮食、适量运动、戒烟戒酒。❶身体之本是健康，人生最宝贵的财富也是健康，健康能使人快乐，拥有健康的身体就是追求文明的进步。

健康最好的医生就是我们自己，身体健康是自己的责任，只有自我运动的意识提高了，改变自己的生活方式，提高生活质量，从行动上做起，才能营建美满和谐的家庭，健康快乐地享受每一天。

健身运动一定要遵从生活习惯，只有拥有良好的健身习惯，才能达到预期效果。比如饮食、日常生活、工作、休息安排、运动锻炼等。生活习惯良好，坚持自己喜欢的运动项目，调整好心态，这都为健身健康打下了基础，体育锻炼促进身体健康才能长远发展。现在人民群众的物质生活富足，进而追求更高的娱乐和生活需求，文化娱乐和体育锻炼能满足更多人的需要。

人体以及各个系统的生理机能加强，主要靠运动健身，而体育锻炼可以影响神经系统的生理机能。人体主要受神经系统控制，神经系统调节身体各个器官的活动，比如大脑思维、生理功能和肢体动作。神经系统包括中枢神

---

❶ 陈竺. "健康中国 2020 战略" 研究报告 [M]. 北京：人民卫生出版社，2012.

经系统和周围神经系统，中枢神经系统包括脑部和脊髓，中枢神经系统接收全身各处的传入信息，经它整合加工后成为协调的运动性传出，或者储存在中枢神经系统内成为学习、记忆的神经基础。周围神经系统是指脑和脊髓以外的所有神经结构，包括神经节、神经干、神经丛及神经终末装置。

在体育锻炼中，肌肉都在运动，在跑步的时候，看似只有腿部肌肉在收缩，双臂在摆动，但此时，心跳加快，血流量增加，呼吸变急促，等等，这些都是身体各个系统在发生变化。在运动的时候，神经系统需要对各种内外复杂因素引起的变化作出快速、正确的反应。体育锻炼还能增强神经系统的指挥协调能力，能够更好地适应各种环境的变化，还能弥补一些器官功能缺陷。加强锻炼是保障和提升神经系统指挥协调功能的最好方法，通过对神经系统功能的了解，我们更应该积极参加运动锻炼，增强体育锻炼的自觉性和目的性，从而锲而不舍地参与体育锻炼当中。

呼吸系统的生理功能在体育锻炼的时候也受到了影响，呼吸的主要功能是吸入空气中的氧气，排出组织细胞代谢产生的二氧化碳。在运动的时候需要耗费大量的氧气和营养成分，才能供应肌肉活动的需要。[1]呼吸运动时会产生大量的二氧化碳，从空气中吸收氧气，将二氧化碳从血液中排出，呼吸时，胸腔扩张越大，呼吸越深，通过气道换气越多，肺内气体交换越充分，身体利用氧气的机会越大，肌肉工作的时间越长，效率越高，呼吸系统的生理功能越强壮。

日常生活中，缺乏体育锻炼的人，上楼梯的时候或者爬山的时候，会感到气喘吁吁、心跳加速，这是非常常见的。经常运动的人就不会出现这种情况，换气的效率是用深呼吸的方法，从而减轻气喘的频率。在运动过程中呼吸加深并加快，可以通过力量练习来加强呼吸肌的功能，在体育锻炼中可以提高肺活量，特别是有氧运动使肺活量不仅明显大于普通健康人，也大于其他运动。[2]经常参加体育锻炼的人，肺活量比缺乏体育锻炼的人要大很多，肺弹性

---

[1] 蔡美琴. 医学营养学 [M]. 上海：上海科学技术文献出版社，2001.
[2] 朱蓓薇. 聚焦营养与健康，创新发展海洋食品产业 [J]. 轻工学报，2017，32（1）.

增强，呼吸肌增强。

消化系统是由消化道和消化腺两大部分组成的，体育锻炼对消化系统起到一定的作用，消化道是从口、咽、食道、胃和小肠延伸到大肠，食物的消化、吸收和排泄经过消化道。消化腺主要包括唾液腺、胃腺、肠腺、肝脏以及胰腺，消化腺均由腺细胞组成，功能是分泌消化液，消化液可经腺体的导管进入消化管，对食物进行分解，营养成分被消化道吸收。食物经咀嚼后通过消化道到胃，经胃肠分解食物吸收营养物质，为身体提供营养，人体所需的大部分营养物质都来源于食物。很多人感觉运动后，饭量增加了，所以运动能促进消化。

因此，偏食者多因为食物摄入种类不足，从而导致身体营养不良，长期的营养不良就会引发疾病。大家都知道，身体缺钙，就是因为日常生活中从食物中摄入的钙不足。有些人由于消化系统功能失调，影响一部分营养素的消化吸收，身体也会缺乏各种营养素，这些会导致自身体重的减轻或者营养缺乏，严重地影响了身体健康。可见，消化系统对人体健康有很大的影响。通过相应的体育锻炼，身体肌肉活动明显强壮，身体能量供应充足。消化系统增强，促进分泌更多消化液，促进肠胃蠕动，吸收更多营养供身体使用。在一定的体力活动下，加强和改善胃肠功能。在适当的运动后，身体消耗大量热量，需要及时的补充，这个时候，人们会感到饥饿，食欲明显增加，消化吸收功能增强，坚持长时间体育运动，偏瘦的人在体重上会慢慢地增加，肌肉也会逐渐强壮。而对于有消化不良和胃肠功能障碍的人，也会有所改善。

体育锻炼对骨骼系统的生理功能也有影响，促进骨骼生长发育不仅要多参加体育锻炼，还要补充营养，对儿童和青少年来说，运动非常重要。体育锻炼可使骨密度增厚，骨径变粗，肌肉和骨骼被肌腱拉伸，骨面常突出，具有较强的韧性和抗压能力。体育锻炼者的骨骼对外力的机械作用明显增强，对弯曲、压缩和扭转具有很强的抵抗力。[1]老年人随着年龄的增长，肌肉逐渐萎缩，骨骼也发生明显变化，会出现骨质疏松症。这是由于骨骼释放钙质造

---

[1]　郑旗. 体育科学研究方法 [M]. 北京：人民体育出版社，2007.

成的，体育锻炼对支撑骨骼有很大的刺激作用，减少或防止钙从骨骼中流出，并延缓骨骼的退化。运动对肌肉的力量有所增强，对骨骼和关节起到保护作用，如果遇到外力，还有利于减少骨折的发生，经常锻炼，对身体健康起到很好的保护作用。

运动可以延缓骨骼肌老化，增加肌肉蛋白质和糖原储备，所以长期坚持锻炼，使肌肉纤维越来越强壮，肌肉工作效率提高，耐力、灵活性也有所增加。运动改善心血管功能，有氧运动可以调节脂蛋白代谢，显著增加高密度脂蛋白，增加血浆中甘油三酯的清除率。运动对骨质疏松症有抵抗力，如果是长期从事体力劳动的人，他们的骨量高于脑力劳动者。天天坚持体育锻炼的人，骨量有所增加，骨密度也有所提高。有氧运动可以促进身体健康，特别是中老年人应该进行有氧运动控制体重，可降低血脂，减轻中轻度高血压。运动增强机体免疫功能，预防疾病的发生。运动可以改善神经内分泌系统功能，防止大脑老化，有氧运动可以改善老化身体的内分泌和免疫功能。

运动能改善骨骼和关节的组织结构和性能，高强度或超负荷运动会使骨骼变粗，小梁排列密集，骨骼的体力和硬度更高。运动不会影响所有的四肢骨骼，只会影响经常活动的四肢骨骼。比如经常练习下肢的人，下肢的骨骼功能比较强。❶ 如果发生骨折，愈合过程通常较快。关节是骨骼之间的连接点，由韧带连接，骨头上有肌腱。因此，体育锻炼可以使关节软骨增厚，增强抗压能力，增加结缔组织，增加肌腱和韧带对骨骼的附着力，并承受更大的张力，保证关节的抗损伤能力，起到预防关节炎、关节风湿病等病理变化或炎症的作用。

---

❶ 许豪文．运动生物化学概论 [M]．北京：高等教育出版社，2001.

# 第六章　运动营养与膳食营养

## 第一节　运动营养与膳食分析

### 一、运动与膳食知识的普及

发扬中华饮食健康文化主要在于饮食方面，倡导人们对营养健康的了解，传播科学饮食、营养饮食的健康概念，提倡健康生活方式，全面普及营养知识。营养饮食对健康是非常重要的，想要拥有健康的体魄，必须做到健康饮食。饮食是人体从外界摄入对身体有益的食物，咀嚼后在人体通过消化、吸收和代谢，既满足人体内营养的需求，同时也满足生理的需要。饮食将食物烹饪和加工成不同的膳食提供给人们食用，以满足人们的健康需求。❶人体所需的各种营养素都来源于合理的饮食，还要使各种营养素在人体内达到均衡，让人们在饮食方面满意。合理的营养是健康的基础，对维护和改进健康、改善人民体质、提高机体抗病能力和降低死亡率、延长寿命等具有重要的作用。

南方的居民以大米为主食，北方的居民以面粉为主食。从不同的食物中摄取一定的营养，高纤维食物有谷类食物和蔬菜，所以我国居民对高纤维摄取量非常高，要发扬我们优良的传统饮食习惯。在饮食中我国居民对动物性食物的摄入量比较少，平常的饮食中多摄入豆类和豆制品，能补充一些优质的蛋白质和钙。在饮食中多喝水、多吃水果、少吃甜食，多吃增进食欲、帮助消化的食物。

---

❶ 陈吉禄. 运动营养学 [M]. 北京：北京医科大学出版社，2002.

人们在日常生活中饮食要多样化，我们的饮食传统以粗粮和精粮为主，尽量避免摄入高热量、高脂肪食物，以低碳水化合物饮食为主。多吃一些全谷物、杂粮等食物，还有多摄入维生素、矿物质等营养物质，像蔬菜、水果等合理的营养饮食对保证身体健康，维持肠道功能，提高自身免疫力都有一定的作用。经常喝牛奶，多吃豆类或豆制品，牛奶中营养成分齐全，并且钙含量高，能给身体补充一定量的钙。大豆是蛋白质的重要来源，国家应引导人民群众不要过量食用肉类食品，多吃些豆制品和粗粮。

饮食中动物性食物有鱼、禽、蛋和瘦肉，是人体蛋白质、脂类、维生素和矿物质的良好来源。在食用鱼、禽、蛋和瘦肉的时候一定要适量。瘦肉含铁量高，吸收率好，鱼和禽一般脂肪含量低，不饱和脂肪酸含量高，鸡蛋含有蛋白质、脂肪、卵黄素、卵磷脂、维生素和铁、钙、钾等人体所需要的矿物质，为优质蛋白，对肝脏组织损伤有修复作用。[1]在烹调过程中少油，以清淡少盐为主，脂肪可以供给维持生命必需的能量，保持体温和储存能量，是构成身体细胞的重要成分之一，脂肪中的磷脂和固醇是形成新组织和修补旧组织、调节代谢、合成激素必不可少的物质。但是脂肪摄入过多，会引起肥胖、高血脂等慢性疾病。

每天不要吃太多，坚持锻炼，保持健康，养成运动锻炼的好习惯。一日三餐要合理地安排进餐时间和数量，定时定量进食。保持天天吃早餐的习惯，营养要充足，午餐吃得好，晚餐要吃少，在饮食过程中切忌暴饮暴食，也不要经常外出就餐，零食要合理地选择，多喝水，也可以适量地饮用牛奶和果汁，作为膳食的补充剂。

运动中的三种主要营养素是碳水化合物、脂类和蛋白质。食物中的碳水化合物分成两类：人可以吸收利用的有效碳水化合物，如单糖、双糖、多糖和人不能消化的无效碳水化合物，如纤维素，是人体必需的物质。糖类化合物是一切生物体维持生命活动所需能量的主要来源，它不仅是营养物质，有

---

[1] 史仍飞，袁海平．运动营养学［M］．北京：北京体育大学出版社，2015．

些还具有特殊的生理活性。[1]膳食中缺乏碳水化合物将导致全身无力、疲乏，血糖含量降低，产生头晕、心悸、脑功能障碍等，严重者会导致低血糖昏迷。当膳食中碳水化合物过多时，就会转化成脂肪储存于体内，使人过于肥胖而导致各类疾病，如高血脂、糖尿病等。脂类作为一种能量储存在体内，可以维持正常的体温和保护内部器官。蛋白质是生命的物质基础，是有机大分子，是构成细胞的基本有机物，是生命活动的主要承担者。

## 二、营养与健康状况的改善

促使身体健康的重要因素是体育锻炼和营养，体育运动能够增强人体各种组织器官的功能。人们从食物中摄取的营养物质是构建和修复组织器官的原料，能起到调理器官的作用。身体发育和疾病的发生都与营养相关，如果营养缺乏，会导致某些器官出现运动障碍，所以，营养在日常生活中是不容忽视的。

要强身健体，营养与运动密不可分，体育锻炼时所产生的热量损耗，应该在运动后合理地补充营养饮食。如果营养没有合理的保障，身体营养成分的丢失没有得到及时补充，身体就会失衡。长年累月，对自身的健康是不利的，最终导致身体机能下降，免疫力降低，也会引起身体虚弱、产生疲劳，甚至会生病。成年人维持健康的身体主要依靠能量平衡，就是摄入与消耗成正比，食物的摄入量和运动量是维持在同一水平线上。[2]在日常生活中，如果消耗的食物量大于活动量，多余的热量会以脂肪的形式储存在体内，长此以往会导致体重的增加，不利于身体健康。

信息社会，工作时久坐，在家躺着看手机刷视频增多，运动量减少。生活方式和生活习惯上的改变，对人们的饮食产生了很大的影响。比如经常性的外出就餐，摄入大鱼大肉，购买方便食品、点外卖，有些食物中脂肪含量

---

[1] 常翠青. 运动与营养 [M]. 北京：新华出版社，2009.
[2] 陈吉棣. 运动营养学 [M]. 北京：北京医科大学出版社，2002.

较高。❶除此之外，中青年人不吃早餐，为了赶时间吃饭太快，经常暴饮暴食，晚上进餐比较多，爱吃零食等都会导致体重的增加。这些不良的生活习惯导致体重增加，再加上不运动，身体代谢差，很多人都变成了胖子，失去健康。要想身体状况良好，一定要规律饮食，合理地安排吃饭时间，改掉久坐、熬夜、暴饮暴食等不良习惯，积极运动，这样才能保证身体健康。

满足人体对营养的根本需要，不仅要合理饮食，还要保持能量摄入和损耗的均衡。日常生活中摄入清淡少盐饮食，避免摄入过量食用油和含糖饮料。如果超重或肥胖，应采取低热量、低脂肪、适量优质蛋白质的饮食方式，在饮食中增加新鲜蔬菜和水果的分配。蔬菜和水果不仅含有大量人体需要的维生素和矿物质，饱腹感极强，热量还比较低，从而满足身体的需求。

营造优良的、和谐的社会氛围，运动健康不仅仅是个人行为，更需要全社会的踊跃参与。政府部门也应发挥引导作用，大力开发公共健身资源，建设安全舒适的社区步行道，激励全民以环保、健康的方式步行、骑行。❷社区或单位组织参与体育团体，在日常生活中个人都积极参与健身，营造健康的生活。主动开展健康监测和宣传，保持体重，采取有效的群体预防措施。从预防肥胖作为重点任务抓起，定期定时地抽样监测人群的体重变化，积极督促肥胖人群参与健身运动。对于个人，应保持良好的心态，自测体重，有条件的可以到健身房自行健身锻炼。还要努力做好健康督促和教育工作，培养人们均衡饮食的习惯，防止热量摄入过多。利用好媒体资源和手机资源，增加新的宣传方式，改变日常生活习惯，倡导运动健身，做好监督，鼓励大家都运动起来。

高难度和大量运动后，不需要多吃，但是要及时地补充流失的水分，营养合理地搭配饮食，任何一种营养物质的缺乏或过量都会影响人体的生理功能和运动水平，损害身体健康❸。总的来说，营养素包括碳水化合物、蛋白质、

❶ 董新光. 全民健身大视野 [M]. 北京：北京体育大学出版社，2003.
❷ 高亮，王莉华. 体育锻炼与老年人自评健康关系的调查研究 [J]. 武汉体育学院学报，2015，49（8）：64-71.
❸ 许豪文. 运动生物化学概论 [M]. 北京：高等教育出版社，2001.

脂肪、维生素、无机盐、微量元素、水和纤维素。其中，糖、蛋白质和脂肪构成三大能量物质，为身体活动提供能量。其他营养素保障三大物质的合理吸收和代谢等一系列生理功能。

# 第二节　运动营养与合理膳食

## 一、运动营养与合理饮食

随着社会的发展，人们的生活水平不断提高。无论是发达国家还是发展中国家，人们的饮食标准都有了很大的变化。但是，也存在很多问题。世界各地都存在由不平衡饮食引起的肥胖和其他问题。近年来，我国人民肥胖率逐年上升。其中，饮食营养组合不合理导致营养过剩，体内脂肪堆积是导致肥胖的重要原因之一。有些爱美女性通过节食或去医院抽脂以追求苗条身材。[1] 这些做法已经严重影响了人们的身心健康。面对这些问题，我们应该从舆论的角度大力提倡合理膳食，提倡健康和美丽。同时，我国政府也应采取合理措施，鼓励公民加强锻炼，以此提高全民族的健康水平。

膳食营养与体育锻炼相结合对身体健康有积极影响，人民群众身体健康的提高不仅需要合理的饮食，还需要合理的锻炼。目前，虽然人们普遍有"饮食营养、加强运动"的意识，但大部分人民群众无法调节运动与饮食营养的关系。运动过度和膳食营养不足和膳食营养过多和运动不足在现实生活中非常普遍。在宣传倡导运动与膳食营养合理结合提高人民群众体质的同时，还应教育公民"合理调节饮食和运动"，达到国民体质的增强，营养与运动有效结合的目的。膳食营养和体育活动对人们的身体健康有显著影响，应加强健康意识引导。[2] 让每一位市民在认识健康必要性的同时，学会将饮食与运动

---

**❶** 杨珍珍，甘晓露．单纯性肥胖膳食营养调节［J］．食品界，2017（9）．
**❷** 端传虎．老年人膳食营养指导和管理［J］．食品安全导刊，2016（15）．

相结合，达到强身健体的目的。笔者以学生营养餐为例来说明膳食营养的重要性，然而，并不是每个家长或者学生都能意识到营养补充剂的重要性，因此，为学生提供营养餐将成为重中之重。

多样化的营养饮食是保持身体健康的基本条件，而运动健身的损耗量非常大，在一定程度上对营养素的需求量增加。运动后，微量元素的流失或水电解质的失衡要及时补给，可以通过运动能量饮料或营养液来补充。还需要在饮食中添加大量的膳食纤维和各种维生素，多吃蔬菜和水果，膳食营养全面，并且多样化，营养物质的消化、吸收和利用是需要过程的。刚开始锻炼时，不要过度，不要长时间运动，要有规律，健身锻炼后保证进食的时间。❶如果健身或进食时间不稳定，会导致身体对营养物质消耗的紊乱，最终无法及时地补给营养，如果盲目地摄入大量脂肪和蛋白质，对身体营养吸收是不利的，也无法达到健身的效果，所以运动后合理地营养补充是很重要的。

## 二、运动适当，饮食健康

平常适当运动，能促进呼吸、胃肠、大脑、神经等功能的改善，有利于提高智力、调解情绪、增强社交能力。无论什么样的体育运动，人们在运动时都会表现出身体疲劳、心跳加快、肌肉疼痛、气短、胸闷，有时运动过度会出现肌肉痉挛等。如果运动特别激烈，会表现出运动的损伤，从而影响人体健康，切记，在运动的时候避免剧烈运动。运动锻炼时适当补充营养或水分，有利于减轻运动时的不舒适感。如果在运动前或运动中进食，那么会加重运动中的不适，因此要掌握好运动前后进食的时间，这样对身体健康有利。所以运动要适当，进餐时间要合理分配，运动后要合理饮食，及时地补充营养，保证身体健康。

人在运动的时候体内蛋白质会减少，运动使肌肉力量增加，肌肉纤维增加，在运动的时候蛋白质会参与其中，这时蛋白质的代谢增强，运动后应

---

❶ 刘颖．我国老年人膳食模式优化研究 [D]．天津：天津商业大学，2018.

及时补充蛋白质。如果是跑步还需要特别补充盐和水，因为跑步的时候会出现水和电解质的丢失，补充水分也很重要，但不要太多，以免削弱消化和食欲。❶ 运动后要喝电解质饮料，即含有钠、钾、氯、镁、钙、磷等矿物质的饮料。或者在白开水中加些糖饮用，水中加入糖，是为了保持一定的血糖浓度，延缓疲劳，从而保证身体健康。多食碱性食物，如新鲜蔬菜、瓜果、豆制品、乳类和含有丰富蛋白质与维生素的动物肝脏等。这些食物经过人体消化吸收后，可以迅速地使血液酸度降低，中和平衡达到弱碱性，从而消除疲劳。❷ 实际上，饮食与运动和健康相关，饮食有着广泛而复杂的关系，在运动前后发挥一定的作用。

日常生活中，或者不运动时，饮食因素也起作用。饮食与健康和饮食安全是人们日常生活中最关注的话题，饮食对人身体健康有重要的意义。可以这么说，体育锻炼是促进身体健康的活动，所以，饮食是直接影响身体健康的主要因素，对运动锻炼也有一定的影响。人们适当运动的时候，在饮食方面要及时地补充营养，摄入大量的营养素，对于不同性质的运动，不仅适当改变饮食内容，还要合理补给营养。但是，在短时间内不遵循饮食规律，大量摄入某些营养素是不可取的。

运动前和运动后，特别是在运动后，营养及时补给很重要。顺序是补充水、碳水化合物、蛋白质类的食物。蛋白质类食物在胃里的消化时间长，而且比较慢。❸ 如果先吃，会影响其他营养素的补给。有关饮食和运动的间隔时间，人们普遍认为运动后半小时可以吃喝，饭后休息两三个小时再运动，是最合适的。消化期间不适宜剧烈运动，这样会导致胃痉挛、心跳过快，所以，人们运动时，特别是剧烈运动时，一定要合理安排运动间隔的时间，避免因饮食问题对健康造成不必要的伤害。

在饮食方面，我们要正确对待饮食，规律饮食，增加或者减少运动前后的进食量，都是不科学的。我们不能忽视或完全把运动功能的锻炼放在饮食上，

❶ 马子涵．环境伦理学视角下的饮食文化研究［J］．才智，2017（14）．
❷ 陈吉禄．运动营养学［M］．北京：北京医科大学出版社，2002．
❸ 田麦久．运动训练学［M］．北京：高等教育出版社，2006．

不注意调整，不利于饮食功能。只有长久地保持科学合理的饮食习惯，才能更好地发挥运动的健康功能。❶这就要求我们改正不健康的饮食习惯，以免在运动中对身体造成损害。

日常生活中保持饮食习惯的平衡，需要通过饮食来达到各种营养素的均衡，只有平衡的营养素才对身体健康有益。参加运动前后或日常生活中避免挑食或偏食，在饮食中注意荤素搭配、营养搭配。从饮食的科学合理性来看，日常饮食应包括米饭、面条、杂粮、肉、蛋、豆类、蔬菜、海鲜、牛奶等，膳食营养要保证整体平衡。在运动后，饮食要专注于吃一些食物，比如有些耐力运动，必须增加蛋白质的摄入，对于运动营养食品的摄入，可根据需要选择食用，但不应作为改善体质和营养摄入的主要途径。

人民群众需要知道健康的意义。从享受高水平的健康角度出发，在健康意识上有所提高，同时提升自我保健意识，拥有良好的生活习惯，规范自己的行为，适当的运动和平衡的饮食有利于提高生活质量。❷运动可以促进新陈代谢，身体需要营养物质的增加，通过科学合理的饮食，来平衡人体的糖、脂肪、水、酸碱和矿物质。

人民群众身体健康离不开合理的饮食，还有适当的体育锻炼。比如青少年正处于身体发育时期，要多参与一些有助于发育的项目，比如说跳绳、跑步、游泳、户外运动、多晒晒太阳，在平衡饮食的同时，适当的运动会促进身体生长。随着经济的发展和人民生活水平的提高，生活方式也发生了很大变化，饮食上有所提升，现在很多慢性病呈逐渐上升趋势，所以在合理饮食的同时，要多运动才是关键。这需要大家积极配合，拥有自我保健意识，调整生活方式，清淡饮食，合理搭配营养，只有身体健康，才能更好地服务于社会。

---

❶ 朱丽娟. 生态文明视域下的饮食伦理研究 [D]. 南京：南京林业大学，2015.
❷ 姜同仁. 新常态下安徽省体育产业发展研究 [M]. 北京：经济科学出版社，2015.

### 三、合理膳食

合理地调整饮食次序，有些居民饭后喜欢食用水果，会导致体重增加和肥胖。所以，吃水果应改在饭前或者两餐之间，有些水果切忌在饭前吃，如香蕉不能空腹吃。❶在饮食期间注意保持高纤维食物的摄入。高纤维食物对于人体的肠道能起到润滑的作用，可以补充身体中不可缺少的生命物质。在饮食中食物要多样化，五谷杂粮、蔬菜、水果要均衡，营养充足，合理搭配。

膳食控制不吃大量肉类和脂肪类食物，控制每日总糖摄入量，每天需要增加牛奶、水果、谷物、豆制品和土豆食品的种类。增加水果蔬菜的摄入量，水果和蔬菜含有大量的维生素 C、膳食纤维、胡萝卜素和丰富的抗氧化剂。多吃水果和蔬菜可以有效预防心血管疾病，我国人民群众在摄入蔬菜和水果方面并不充足，应适当增加，保证人民群众蔬菜充分够用。

营养膳食中应增加牛奶、豆制品，牛奶食品中含有大量优质蛋白，尤其是钙含量高，能被充分吸收利用，有效促进青少年生长发育，避免老年人骨质疏松。目前，我国人民群众牛奶总摄入量有所增加，但营养状况不合理，牛奶总摄入量有待进一步提高。大豆富含大量优质、多种营养成分，可有效提高人民群众膳食质量。

膳食补给中要调整肉类结构，我国人民群众消费猪肉较多，蛋白质含量低，脂肪含量高。在日常生活中要多增加水产品的摄入量，可有效增加膳食脂肪酸含量，调整脂肪酸结构，预防慢性病的发生概率。

合理调整油盐的摄入量，健康的饮食需要保证每天食用油的摄入量为2.5g 或 3g，但调查发现，我国人均日食用油消费量将达到 4.6g 左右，尤其是大城市居民，用量较高，所以要减少食用油的用量，每人每日食盐摄入量不超过 6g，目前居民的摄入量仍维持在 2g。总之，目前我国人民群众的饮食不健康，需要彻底改变。❷饮食结构应根据合理的饮食理论进行调整，以保证人

❶ 中国营养学会. 中国居民膳食营养素参考摄入量（2013 版）[M]. 北京：科学出版社，2014.
❷ 蔡美琴. 医学营养学 [M]. 上海：上海科学技术文献出版社，2001.

体必需的营养成分的摄取，积极锻炼，保持身体健康。

合理膳食，因地制宜，在饮食中多摄入牛奶、大豆以及豆制品。适量食用动物性食品，如肉、鱼、禽、蛋、瘦肉等，膳食平衡分配，从而对人体健康有益。❶含脂肪和胆固醇高的食物，应适量食用，以免对健康不利，一日三餐合理搭配，切忌暴饮暴食，身体不要长期处于饥饿状态，健康尤为重要，要从饮食方面调理。

日常生活中要想科学地合理膳食，主食一定保持以谷类为主，谷类在传统饮食中是首选，能量供给非常充足。在加工技术方面，谷物依然能加工得很细，而且味道很好，并且吸收快，营养价值很高。所以，在食用五谷杂粮时，一定要以全谷类为主，比如玉米、小米、黑米、荞麦、燕麦、薏仁米、高粱等。谷物通过加工成为主食，主要给人类提供的是 50% ~ 80% 的热能、40% ~ 70% 的蛋白质、60% 以上的维生素 $B_1$。像蔬菜、水果、鱼、肉、奶等辅食，在食用的时候应遵照少量多品种的原则适当搭配。

均衡饮食是针对营养不良所给予的膳食补充剂，在运动后营养供应很重要，科学地搭配糖、脂肪、蛋白质和维生素的含量，给一些营养品补充也是可以的，在营养方面必须做到科学均衡。❷人在运动的时候，机体处在急性应激状态，使交感神经－肾上腺髓质轴被激活，释放大量儿茶酚胺，引起肾上腺素和去甲肾上腺素大量分泌，使中枢兴奋性增强，导致心理、躯体、内脏等功能的改变。所以人体物质和能量代谢水平提高，对营养的需求也相应增加。运动后合理的营养使运动能力的物质基础提高，如果运动饮食不合理，将会导致营养缺乏，切记运动后一定要补足营养食物。

---

❶ 王民强. 学生膳食营养与卫生的现状研究 [J]. 食品界，2018（8）：101.
❷ 范洪波. 中小学生的合理膳食 [J]. 中国食物与营养，2004（10）.

# 第三节　运动营养的补充与代谢

## 一、运动后及时补充营养

运动健身后，热量损耗还是很大的，所以在及时补给能量物质的同时，一定要保障人体能量平衡。在运动后，比如营养素中的维生素、矿物质等会大量丢失。首先，保证供应的能量物质是糖和脂肪，在运动中，能量的供应主要是葡萄糖的参与，而葡萄糖和脂肪在能量供应中的比例随运动强度的不同而变化。比如运动的强度越大，供应的能量就越多，葡萄糖的比例就越大。其实，蛋白质也是一种能量供应的营养物质，但蛋白质不参与能量供应，只有在极度饥饿、长期超负荷运动、低糖饮食中，蛋白质才被分解参与能量代谢。

运动中碳水化合物是提供能量的重要营养素，这种营养素要及时地补充，碳水化合物能够加快体内糖原储备的复原。固体运动食品主要是食物棒，食物棒主要由碳水化合物、蛋白质等高热量成分组成，补充体能很重要。基于此，碳水化合物和蛋白质都富含在谷物中，是制作食物棒的首选材料。碳水化合物能为身体提供能量，[1]某些碳水化合物含量高的食物（如谷物、荞麦、水果和蔬菜）能在运动中给肌肉补充能量。

作为生命的物质基础，蛋白质是增强肌肉的主要产品，例如在运动时引起的骨骼肌损伤，蛋白质对组织适应性增生的修复，还参与运动时的能量供应。所以，人们锻炼的时候对蛋白质的要求会很高。[2]人们普遍认为，提升肌肉蛋白质合成的速度是在运动后及时地补充蛋白质，有利于加强骨骼肌对运动的适宜性，对骨骼肌功能的恢复起到很好的作用。现在市面上最常见的是乳清蛋白和大豆蛋白。乳清蛋白是一种很好的运动营养食品，是从牛奶中提取的一种蛋白质，具有营养价值高、易消化吸收、含有多种活性成分等特点，是公认的人体优质蛋白质补充剂之一。乳清中富含半胱氨酸和蛋氨酸，它们

---

[1]　中国营养学会. 中国居民膳食指南 [M]. 拉萨：西藏人民出版社，2010.
[2]　陈吉禄. 运动营养学 [M]. 北京：北京医科大学出版社，2002.

能维持人体内抗氧化剂的水平。蛋白质能够提升人体的抗氧化能力，增强人体免疫力，快速合成骨骼肌蛋白质，减轻肌肉酸痛，加快运动后体质的复原。食入的蛋白质在体内经过消化被水解成氨基酸被吸收后，重新合成人体所需的蛋白质，同时新的蛋白质又不断地代谢与分解，时刻处于动态平衡中。运动后补充肽，加速肽和氨基酸的吸收和利用，能快速修复运动相关组织器官，从而加强肌肉的合成代谢，对祛除运动后的疲乏很有利，并且能加快身体恢复。

维生素又称维他命，一般来说，就是维持生命的物质，是保证人类生命活动所必需的有机物质，也是维持人类健康的重要活性物质。维生素是人类营养和生长所必需的有机化合物，对人体新陈代谢、生长、发育和健康起着重要作用。

维生素 A 是脂溶性的醇类物质，有多种分子形式。人们健身锻炼后，应及时适当补充。维生素 A 可参与糖蛋白的合成，这对于上皮的正常形成、发育与维持十分重要。维生素 A 不足或者缺乏，可导致糖蛋白合成中间体的异常，低分子量的多糖脂的堆积，引起上皮基底层增生变厚、细胞分裂加快、张力原纤维合成增多，表面层发生细胞变扁、不规则、干燥等变化，所以人们运动后应该及时补充维生素 A。

维生素 $B_1$ 和 $B_2$ 主要以辅酶的形式发挥其生理功能。维生素 $B_1$ 与糖代谢密切相关，维生素 $B_1$ 能够参与体内辅酶的形成，维持正常糖代谢及神经消化系统功能。[1] 当维生素 $B_1$ 缺乏时，糖酵解受损，不仅影响速度，而且影响耐力。在严重的情况下，丙酮酸和乳酸的积累可能导致运动疲劳。维生素 $B_2$ 是一种辅酶，又叫核黄素，微溶于水，在中性或酸性溶液中加热是稳定的。维生素 $B_2$ 是体内黄酶类辅基的组成部分，一旦缺乏，就会影响机体的生物氧化，使代谢发生障碍。在线粒体电子传递系统中起重要作用，因此对运动耐力有重要影响，缺乏维生素 $B_2$ 会降低运动能力，容易疲劳，所以，运动后对维生素的补充非常重要。

---

[1] 常翠青. 运动与营养 [M]. 北京：新华出版社，2009.

维生素 E 是一种脂溶性维生素，其水解产物为生育酚，是最主要的抗氧化剂之一，对增强免疫力有一定的作用，能使人身体健康，延长寿命。维生素 E 还可以调节脂质氧化，清除氧化自由基，避免氧化剂对细胞的损伤。与此同时，大量的维生素 E 可促进毛细血管的增生，改善外周血循环，增加组织中的氧供应。运动后及时补充维生素 E 不仅可以保护机体免受氧化损伤，还可以提高机体的耐力，达到运动的预期效果。维生素 E 还能增加血液中的抗氧化剂，增加肺部呼气量，降低因肺功能不良而引发患病的风险。

维生素 C 是一种水溶性维生素，促进骨胶原的生物合成，有利于伤口更快愈合，促进氨基酸中酪氨酸和色氨酸的代谢，延长体质寿命，增强机体对外界环境的抗应激能力和免疫力。促进胶原蛋白的合成，维生素 C 具有养颜作用，比如摄入维生素 C，有助于增加胶原蛋白，提高皮肤的纹理。[1] 维生素 C 的主要作用是提高免疫力，白细胞含有丰富的维生素 C，维生素 C 可增强中性粒细胞的趋化性和变形能力，提高杀菌能力。在运动中补充维生素 C 可以提高身体免疫力，缓解疲劳和肌肉酸痛，保护细胞免受自由基伤害。维生素 C 是使用最广泛的维生素，应该在运动后立即补充。

人体内微量元素的含量极少，但与人体的物质和能量代谢有关。运动员体内的微量元素在一定条件下一旦缺乏或过量，就会影响他们的运动能力。铁是血红蛋白和肌红蛋白的必需元素，也是能量酶的必需元素。机体铁储备低时，易引起缺铁性贫血，损伤红细胞，氧运输和供应能力降低，肌肉有氧代谢减弱，影响机体有氧耐力和运动能力。硒在人体的蛋白质合成中对肌肉和肌肉功能有重要作用，还具有抗疲劳和抗氧化的作用。锌也是许多酶的必需元素，它参与的酶和激素大多与人体能量代谢有关。[2] 锌可以通过影响雄性激素水平来影响运动能力，体内缺锌会导致运动时酮体含量显著下降以及运动能力下降，锌还具有一定的抗氧化特性，可以通过不同的方式抵抗运动锻练中产生的自由基，从而提高运动能力。

❶ 杨则宜. 运动营养师培训教程［M］. 北京：人民体育出版社，2007.
❷ 郭勇力，刘霞. 实用营养学［M］. 北京：北京体育大学出版社，2013.

人体重要的调节营养物质是矿物质，无论哪种矿物质在人体都有很重要的作用，是身体某些组织的重要组成部分，同时也是体液平衡的重要调节剂。人体内矿物质的储存都能够满足自身的需求，一般情况下不容易缺乏，但如果在剧烈运动和饮食不均衡的情况下，会出现一些矿物质的缺乏。矿物质不能在人体内合成，必须由外界环境提供，并在人体组织的生理作用中发挥重要作用。[1]矿物质对维持身体的酸碱平衡和正常渗透压也是必不可少的。人体必需的矿物质有钙、磷、镁、钾、钠、硫、氯7种，在体内不能合成，必须通过饮食补充。因此运动会导致矿物质流失，所以运动后应及时补充矿物质，运动后要喝电解质饮料。电解质饮料，又称矿物质饮料，最普通的是盐开水。饮料中除水外，还包括钠、钾、氯、镁、钙、磷等矿物质，应补充一些原汁原味的果汁或饮料，在选择食物时尽可能多种类。

## 二、运动中的人体机能代谢

蛋白质、脂肪和碳水化合物的比例在饮食中对新陈代谢有重大影响，运动锻炼中合理的热源质量分配很重要，加速运动后身体的快速恢复。蛋白质在人体中占有重要部分，是人类生命活动的重要物质基础。人体在长期的有氧运动中，蛋白质不应该摄入太多，否则会增加人体能量代谢率，加重肝肾负担，从而使运动效率降低。[2]人体内蛋白质的代谢物是酸性物质，摄入过多的蛋白质会降低身体的酸碱度，使身体产生疲劳感。脂肪是一种高热量物质，脂肪的代谢会消耗大量氧气，不完全氧化的产物（酮体）呈酸性，对身体功能有一定的影响，同时也影响工作，所以，人们在运动后不要摄入过多的脂肪。

人在运动时新陈代谢增加，损耗了大量的无机盐和微量元素，增加了运动负荷，人体对无机盐和微量元素的吸收能力降低，所以运动后应及时补给一定量的无机盐和微量元素。比如鸡蛋、动物肝脏、各种海产品中含有丰富的无机盐，无机盐和铜、铁、锌等微量元素在人体新陈代谢、维持身体机能、

---

[1] 柳新义. 大学生体育锻炼与营养饮食卫生 [M]. 郑州：河南大学出版社，2013.
[2] 陈吉棣. 运动营养学 [M]. 北京：北京医科大学出版社，2002.

提高运动能力等方面发挥着重要作用。

运动后对营养的补充非常重要，比如多补充些瘦肉、鱼类、蛋类、豆制品等，以保证蛋白质和维生素的供应。运动表现为短时间、高强度、高能量新陈代谢、运动时高度缺氧，由无氧代谢系统提供动力。在新陈代谢过程中产生大量酸性物质，会引起肌肉和血液中酸碱失衡，使大脑的工作能力降低，所以身体会出现疲劳状态，运动后及时补充营养物质，饮食中以蔬菜为主，多吃水果。耐力运动是长时间、低强度、消耗大量热量和各种营养物质，因此耐力运动后，饮食中以主食为主，有必要增加维生素类食物的摄入。科学合理的营养供应对调节机体功能、消除疲劳、促进机体功能恢复、提高运动能力具有很重要的作用。

炎热的环境中锻炼会导致体温升高，大量出汗带走热量，会引起体内水分的丢失。当体温较高时，机体组织细胞中分解代谢最快的是蛋白质，增加了尿氮的排泄。水和盐也会丢失，要及时适当补充，氮是从汗液中排出的，最终导致蛋白质的需求有所增加。在热天锻炼时，对消化吸收功能也有一定的影响，体内总氮排泄量增加，同时蛋白质的需求量也增加，所以要及时地补充蛋白质的摄入量。● 从尿液中排出的蛋白质的代谢产物主要是氮，在运动后不能摄入过多的蛋白质，摄入一些优质的蛋白质即可，这样不仅不会增加肾脏负担，还有利于身体的吸收，这些食品主要从鱼、肉、蛋、牛奶和大豆中获取。

在炎热的天气运动后，很多人会出现食欲不振，比如摄入高脂肪食物消化会有点困难，摄入过量还会出现厌食的症状。应减少高脂肪食物的摄入，多补充碳水化合物的食物，因此在运动前、中、后增加碳水化合物和补充碳水化合物非常重要。

在比较热的环境中进行运动，水和矿物质对机体也有一定的影响，水盐代谢紊乱与运动时产生的身体疲劳、损伤都有关系，要及时适量补充水分和电解质才是关键，以保持机体的水盐、电解质平衡。身体出现水盐代谢紊乱，

---

● 中国营养学会. 中国居民膳食指南 [M]. 拉萨：西藏人民出版社，2010.

主要是由于水分的流失，如果加入大量的水而不加盐，则会引起血液等细胞外液的渗透压下降、细胞水肿、细胞膜电位改变，从而导致神经肌肉细胞兴奋性增加，所以在补水的时候要加入一点盐。在钠盐补充到位后，也要补充钾盐，钾也是从汗液中丢失的，钾不足时可导致水在细胞内外液的分布发生紊乱，也可引起酸碱平衡紊乱，所以运动后要适当增加钾的供给量。

运动中还有钠、钾、钙、镁、锌、铜、铁等无机盐的丢失，在丢失的无机盐中，氯化钠是最主要的成分，大量出汗后，体内水分严重丢失，使血液浓缩，血容量减少，体温升高，心率加快，尿量减少，废物代谢堆积，引起疲劳，运动能力也随之下降，因此补充无机盐和矿物质也很重要。❶在大量出汗后水溶性维生素的流失也很多，汗液中大部分都是水溶性维生素，要及时补充维生素 C 和维生素 $B_1$。运动后能量代谢也随之增加，机体内的维生素 $B_1$、维生素 $B_2$ 和烟酸的消耗也增加，所以，在炎热天气运动锻炼后，必须加大维生素 C、$B_1$、$B_2$ 的摄入量。

## 三、运动疲劳后机体的补充

人体内各器官系统功能与人的运动能力和身体素质息息相关，人体各器官功能一旦减弱，身体的运动能力和素质都会下降。如运动过量会导致肌肉功能下降低，力量变弱，因此人在运动的时候，常常会感到力量不足而出现疲劳现象，如果身体感到疲劳，那么工作效率也会随之降低。

运动后短暂的休息使身体逐步恢复到正常状况，在运动健身中，身体出现疲劳感，一般与运动项目、运动时间和运动环境有关联。如果过度运动后身体不适，在短时间内无法恢复到正常水平，必须补充营养或者进行充分的休息，所以在运动的时候不要过量，运动后营养补充也很重要。

人体在运动后，往往消耗大量能量，比如剧烈运动 2～3 分钟后感觉疲劳，这是由于肌肉中的磷酸肌酸降低。如果长期运动，体内的糖大量损耗，

---

❶ 陈艳龙. 重庆市运动营养食品大众市场的现状调查与发展研究 [D]. 重庆大学，2016.

肌糖原和血糖就会降低，体内储存的能量会损耗和减少，从而导致各器官功能减弱，肌肉在活动时代谢物，如水盐代谢发生变化，这会使身体的机能降低，逐步出现疲劳感。❶ 所以，体育锻炼与营养补充有着密切的关系，营养补充是维持和促进人类健康的重要因素。营养补充是身体快速恢复的重要手段，运动性疲劳的恢复主要依靠身体能量的储备，所以运动后及时补充营养，有利于身体消除疲劳，加速恢复。

运动健身中人的机体容易产生疲劳感，主要表现为人在运动后身体机能有所下降，这对身体代谢不平衡产生一定的影响，使机体的免疫力减弱，神经内分泌功能紊乱，对中枢神经系统也会产生影响。运动健身中的疲劳感是身体生理感到疲乏，没有精神，使人体机能下降。人们运动后会感觉身体疲劳，出现肌肉酸痛、四肢无力、懒惰等现象。有的人在短时间内会出现胸闷、气短、虚脱现象。这就要及时地采取措施，如果在运动中就要停止运动，以休息为主，所以运动健身后及时补充营养很重要。给人体补充有机养，有机养能为人体正常生理提供一定的能量。

人们在运动健身后补给大量的蛋白质来补充能量，能使人身体快速恢复到健康状态，但是摄入蛋白质的量也要合理，不能过量的摄入，使机体调节到一定的均衡状态就行。❷运动健身后人容易产生疲劳感，在运动过程中会丢失水和能量物质，因此要补给水，以防脱水情况发生，从而保持身体机能的水盐平衡。除此之外，糖和水也需要及时补给，血糖和肌糖原都存在机体内，有一定的储存量，如果体内的糖存储量低，那么身体就表现出疲劳。所以在运动健身中合理地补糖，使肌肉对糖能够很好地利用，加强对肌糖原的利用，这样人就不会有疲劳的感觉。

人们运动健身后主要补充的营养是有机营养和无机矿物质营养。能够为人体正常生理提供能量的营养物质就是有机营养，例如蛋白质、脂肪、糖、维生素等。能促进人体的生化反应，调节人体各器官细胞，使人体维持正常

---

❶　张文栋，杨则宜．实用体能训练营养学［M］．北京：人民体育出版社，2014.
❷　田麦久．运动训练学［M］．北京：高等教育出版社，2006.

运转，如钙、铁、锌、锡等微量矿物质大多是无机营养物质，所以人们在健身运动后应合理地补充这些营养物质。

在运动中补充水分、盐、糖是必不可少的，运动出汗补给水盐，水盐保持平衡。运动以后补给一定的糖，保持血糖的平衡。运动后维生素和矿物质的补充也很重要，通过一定的补水、补糖能提升自身的运动能力，通过补给矿物质和维生素，加速身体的新陈代谢，营养物质的补给能使身体抗疲劳能力提升，在运动能力方面也有所提高。糖、脂肪和蛋白质是人体必不可少的营养成分，对人体的代谢和运动能力都起到很大的作用，糖是能量的来源，脂肪是储存能量的重要物质，蛋白质是构成人体组织细胞的主要物质。❶ 所以在健身过程中，要科学合理地补给，才能更好地消除疲劳，快速恢复身体。

提高运动能力要补充水分和糖分以及矿物质和维生素，提升人体的运动能力和抗疲劳能力需要水盐的均衡，运动后营养的补充对身体健康是非常重要的，但是不能过量，要合理科学地补给。运动健身中，大量出汗容易导致矿物质流失，必须及时地补给。运动后要想保持人体生理机能正常，水分必须补充足够，水是最主要的营养补充剂，身体如果失去水分，容易疲劳乏力。人们在平常的强身健体中，体内的水分会随着汗水大量排出体外，若补充不及时，身体的生理机能就会异常，因此运动能力会随之降低。所以在体育锻炼中和锻炼后都要补充一定量的水分，保持身体机能正常运作。

运动健身后矿物质在膳食中供给充足即可，运动后还会加大对维生素 $B_2$ 和维生素 $B_6$ 的补充，维生素 $B_1$、$B_2$、$B_6$ 与能量代谢有很大的关系，B 族维生素缺乏会造成运动能力的降低，所以补给多种维生素很重要。❷ 维生素 C 对胶原蛋白合成、抗氧化活性的作用很大，因此在运动后维生素 C 的补充也很重要。维生素 C 可以刺激大脑对氧气的利用，使大脑中氧气的含量增加，从而提高身体对缺氧的耐受性，可见补充维生素尤为主要。

舒适的生活和休息也是运动疲劳恢复的保障，体力的恢复，身体状况的

---

❶ 许豪文．运动生物化学概论 [M]．北京：高等教育出版社，2001.
❷ 张钧，张蕴琨．运动营养学 [M]．北京：高等教育出版社，2006.

改善，充足的睡眠使身体放松，从而消除疲劳。比如人体各器官的运动水平下降，物质代谢减弱，能量损耗降低，如果睡眠充足，增强体内合成代谢，运动时损耗的能量也会很快得到恢复。所以运动后要保持充足的睡眠，这有利于快速消除疲劳，确保机体正常运作。

# 参考文献

[1] 邓华荣．基于健康中国背景下全民健身现实的困境与实施策略分析 [J]. 体育科技，2019（5）．

[2] 王海涛，孟兵林，丁晨光，等．"健康中国 2030"战略下全民健身指导人才培养探讨 [J]. 河北职业教育，2017（2）．

[3] 肖婷，林美翠，杨峰．"互联网 +"背景下青少年科学健身指导网络服务平台研究 [J]. 运动精品，2020（10）．

[4] 庄全，张丽萍．社会体育健身指导志愿者队伍的类型与构建 [J]. 湖北科技学院学报，2020（1）．

[5] 廖士喜．福建省高职院校健身指导与管理专业发展策略的研究 [J]. 内江科技，2020（5）．

[6] 张海信．健身指导类专业运动营养学课程教学改革与实践 [J]. 赤峰学院学报（自然科学版），2017（2）．

[7] 毛俐亚，鞠国梁，毛思程，等．社区居民科学健身指导服务平台构建 [J]. 体育文化导刊，2017（7）．

[8] 马涛．济南市青少年科学健身指导服务的认知、需求及对策分析 [J]. 齐鲁师范学院学报，2017（3）．

[9] 文理中．体育教育专业学生健身指导能力的培养研究 [J]. 当代教育实践与教学研究，2017（9）．

[10] 黄志锋．私人健身指导视频教学的有效性研究 [J]. 佳木斯职业学院学报，2016（2）．

[11] 逯艳．论全民健身与少数民族传统体育的关系 [J]. 科技与企业，2012（21）．

[12] 全粤华，文嘉敏. 全民健身视角下智能体育发展的研究 [J]. 运动精品，2018（4）.

[13] 邱敏. 新时期下的全民健身发展机遇与挑战 [J]. 文化创新比较研究，2019（6）.

[14] 王越. 竞技闯关节目对全民健身的影响研究 [J]. 运动，2018（9）.

[15] 蒋智慧. 学校体育应努力为全民健身作贡献 [J]. 四川体育科学，1997（1）.

[16] 赵晶. 健美操与体育舞蹈的结合在全民健身中的作用 [J]. 太原城市职业技术学院学报，2010（4）.

[17] 亓传琴. 试述武术与全民健身 [J]. 浙江体育科学，2004（1）.

[18] 董燕. 陕西省乡村体育发展现状、问题及对策研究 [J]. 智库时代，2019（27）.

[19] 胡军. 论少数民族传统体育在全民健身中的重要地位和作用——以贵州少数民族传统体育为例 [J]. 数码设计，2017（10）.

[20] 张斌. 论武术在全民健身中的作用 [J]. 体育成人教育学刊，2003（2）.

[21] 于会勇，陈东伟，代志军. 从全民健身计划谈大学体育 [J]. 昌潍师专学报，1997（2）.

[22] 谷长江. 全民健身计划与实施 [J]. 牡丹江师范学院学报（自然科学版），1995（2）.

[23] 王林庆，马利，刘汉玲. 江苏省全民健身计划实施进程中公共服务体系创新研究 [J]. 体育世界（学术版），2020（2）.

[24] 李红琴. 浅谈全民健身计划与学校体育 [J]. 西藏民族学院学报（哲学社会科学版），2003（3）.

[25] 毛永新，王华春. 略论学校体育与全民健身计划的实施 [J]. 体育学刊，1996（1）.

[26] 曾吉. 学校体育在全民健身计划中的地位与作用 [J]. 湖北体育科技，1997（3）.

[27] 黄文扬.市场经济与全民健身计划实施之探析 [J].松辽学刊（自然科学版），2002（3）.

[28] 熊曼丽.论学校体育对全民健身计划的作用和影响 [J].体育学刊，1999（2）.

[29] 刘钧，刘卫星.对全民健身计划的再认识 [J].辽宁体育科技，1999（4）.

[30] 卢元镇.社会体育导论 [M].北京：高等教育出版社，2004.

[31] 原霄峰.我国全民健身政策的演变及影响研究 [D].兰州：兰州理工大学，2020.

[32] 刘城."校企合作型"健身俱乐部发展研究 [D].长沙：湖南师范大学，2020.

[33] 桑飞鸣.乡村振兴战略背景下苏北农村公共体育服务供给问题研究 [D].南京：南京体育学院，2020.

[34] 解际翠.济南市家庭体育健身消费研究 [D].曲阜：曲阜师范大学，2020.

[35] 吴凡凡.初级医疗保健机构咨询服务对社区老年人体育锻炼干预的效果评价 [D].保定：河北大学，2020.

[36] 戴鑫.基于大数据下城市户外健身场地规划与设计策略研究 [D].南昌：江西师范大学，2020.

[37] 马旭栋.裕固族传统体育特征及健身价值研究 [D].兰州：西北师范大学，2020.

[38] 赵景伟.康复花园园艺活动的健康增益研究 [D].哈尔滨：东北林业大学，2020.

[39] 张飞飞.中国大学生男子健美运动员体围特征以及身体成分研究 [D].太原：山西大学，2020.

[40] 柴孟雅.成都市全民健身与体育产业协同发展研究 [D].成都：成都体育学院，2020.

[41] 向伟.新时代高校辅导员素质及提升策略研究[D].长沙：湖南师范大学，2020.

[42] 冯振伟.体医融合的多元主体协同治理研究[D].济南：山东大学，2019.

[43] 沙临博.休闲时代我国篮球发展的本体论价值研究——球趣的理论重释[D].北京：北京体育大学，2018.

[44] 孙小杰.健康中国战略的理论建构与实践路径研究[D].长春：吉林大学，2018.

[45] 宋学岷.社会网络视角下户外运动共同体的结构与发展机制研究[D].上海：上海体育学院，2018.

[46] 朱成东.通过运动后心率恢复评价男子大学生有氧能力方法研究[D].大连：辽宁师范大学，2018.

[47] 史小强.地方政府全民健身公共服务绩效：评估模型构建、实证分析与提升路径[D].上海：上海体育学院，2017.

[48] 胡鞍钢."十三五"大战略[M].杭州：浙江人民出版社，2015.

[49] 陈竺."健康中国2020战略"研究报告[M].北京：人民卫生出版社，2012.

[50] 王秀峰.健康中国战略的地位、作用与基本要求[J].卫生经济研究，2019（4）.

[51] 王明晓.对积极推进健康中国建设的思考[J].中华医院管理杂志，2015（12）.

[52] 吴凡.实施健康行动建设健康中国[J].上海预防医学，2020（1）.

[53] 姜垣，刘黎香.全面无烟是全民健康的保障[J].中华流行病学杂志，2017（5）.

[54] 陈亚欢.健康中国背景下体育与医学的结合研究[J].当代体育科技，2019（14）.

[55] 胡善联.健康融入所有政策是建设"健康上海2030"的政策保障[J].

上海预防医学，2018（1）.

[56] 易小丽.健康中国战略视角下的医院文化建设研究 [J].大众投资指南，2018（10）.

[57] 时统君."健康中国"建设的时代意义 [J].产业与科技论坛，2017（14）.

[58] 张晓荣."健康中国"战略下京郊村卫生室建设研究 [J].继续医学教育，2018（10）.

[59] 石文惠，王静雷，杨一兵，等.全民健康生活方式行动助力健康中国建设 [J].中国慢性病预防与控制，2019（10）.

[60] 石锦，刘璐.全民健身计划的实行与学校体育改革趋势研究 [J].内江科技，2009（6）.

[61] 杨海珍.学校体育教学改革应与全民健身计划相依托 [J].科学大众，2009（2）.

[62] 梁晓龙.当代中国体育若干基本理论问题 [M].北京：人民体育出版社，2003.

[63] 贾斌，王保金.新时代体育强国建设的基本内涵和实现路径研究 [J].西安体育学院学报，2020（4）.

[64] 于善旭.从提倡到保障到战略：新中国 70 年全民健身事业的依法推进与提升 [J].体育学刊，2019（5）.

[65] 南相哲.中国传统体育与全民健身的有机融合与发展路径研究 [J].当代体育科技，2019（16）.

[66] 郭嘉星.新时代下社会体育指导员发展路径的研究 [J].文体用品与科技，2019（7）.

[67] 曹杰，房英杰，关富余，等.新时代体育强国和健康中国建设背景下的全民健身发展路径研究 [J].冰雪运动，2018（6）.

[68] 董跃春，谭华，宋宗佩.建设终身体育社会的价值研究 [J].体育科学，2016（4）.

[69] 马德浩，季浏．民族传统体育文化面临的安全威胁及其应对策略 [J]．
上海体育学院学报，2015（6）．

[70] 朱琳，陈一娟．论我国体育法体系的建构 [J]．西北民族大学学报（哲
学社会科学版），2009（2）．

[71] 李竖锐．SARS 对大学生健康意识、体育意识和体育行为的影响 [J]．广
州体育学院学报，2004（2）．

[72] 李晓宇．健康中国背景下平顶山市全民健身活动发展现状与完善策略
研究 [D]．成都：成都体育学院，2019．

[73] 董新光．全民健身大视野 [M]．北京：北京体育大学出版社，2003．

[74] 程红义．试论我国体育人口的发展 [J]．浙江体育科学，1999（3）．

[75] 柳若松，郑文海，雷福民，等．我国西北地区农民体育现状及发展对
策研究 [J]．体育科学，1999（2）．

[76] 赵剑勋，韩佐生，李鹏，等．甘肃省实施《全民健身计划纲要》中近
期发展目标及战略对策 [J]．体育科学，1999（2）．

[77] 仇军，高峰．体育人口概念研究 [J]．体育科学，1999（2）．

[78] 孙飙，姜文凯，王志光，等．江苏成年人体育生活部分情况的调查与
分析 [J]．南京体育学院学报，1999（1）．

[79] 高力翔，吴镇，王震，等．江苏省老年人体质测试评价体系研究 [J]．
南京体育学院学报，1999（1）．

[80] 于振峰，叶伟，许高航．对我国体育消费现状的研究 [J]．体育科学，
1999（3）．

[81] 张发强．中国社会体育现状调查结果报告 [J]．体育科学，1999（1）．

[82] 金考生，郭海英，李越，等．浙江省成年人体育锻炼现状的调查与分
析 [J]．浙江体育科学，1999（1）．

[83] 孙志军．食品营养搭配对体育运动员身体机制的影响——评《食品营
养学》[J]．中国酿造，2020（7）．

[84] 王茂．运动与营养补充 [J]．首都体育学院学报，2004（2）．

[85] 陈君石. 膳食、营养与癌症预防的新进展 [J]. 中国食物与营养，1997（1）.

[86] 付聿成，王妮娅. 老年人的营养与膳食 [J]. 中国食物与营养，2006（3）.

[87] 黄玉广. 运动与营养 [J]. 中国食物与营养，2004（6）.

[88] 徐明，李强，刘涛. 高原地区运动员膳食营养调查及对策 [J]. 成都体育学院学报，2004（2）.

[89] 孙红敏. 大学生运动与营养的实验研究 [J]. 燕山大学学报，2003（3）.

[90] 荣湘江. 运动与营养的关系 [J]. 医疗保健器具，2000（4）.

[91] 刘期桂. 如何配好有益于健康的膳食 [J]. 四川粮油科技，1995（3）.

[92] 柳新义. 大学生体育锻炼与营养饮食卫生 [M]. 郑州：河南大学出版社，2013.

[93] 范洪波. 中小学生的合理膳食 [J]. 中国食物与营养，2004（10）.

[94] 叶思平，黎艳晶，何婉宜，等. 食物多样化对中职学生健康的影响 [J]. 食品安全导刊，2020（18）.

[95] 屈跃林. 西安市城区全民健身路径使用现状及发展策略研究 [D]. 西安体育学院，2011.

[96] 许豪文. 运动生物化学概论 [M]. 北京：高等教育出版，2001.

[97] 蔡美琴. 医学营养学 [M]. 上海：上海科学技术文献出版社，2001.

[98] 钱文军. 对市场经济条件下全民健身计划的现状研究 [J]. 南都学坛，2001（3）.

[99] 陈吉棣. 运动营养学 [M]. 北京：北京医科大学出版社，2002.

[100] 史仍飞，袁海平. 运动营养学 [M]. 北京：北京体育大学出版社，2015.

[101] 常翠青. 运动与营养 [M]. 北京：新华出版社，2009.

[102] 王广兰，汪学红. 运动营养学 [M]. 武汉：华中科技大学出版社，2017.

[103] 运动膳食与营养. 运动膳食与营养 [M]. 北京：北京体育大学出版社，2016.

[104] 孙长颢. 营养与食品卫生学 [M]. 北京：人民卫生出版社，2016.

[105] 戴俊，孟文涛．全民健身大发展背景下终身体育锻炼阻滞与优化路径研究 [J]．体育科技文献通报，2020（9）．

[106] 曹进，樊晓飞，李良菊，等．甘氨酸补充对力竭性运动小鼠部分生化指标的影响 [J]．重庆医学，2015（31）．

[107] 洪平，李稚，陈耿，等．补充丙酮酸肌酸、肌酸和肉碱对运动员身体成分及运动能力的影响 [J]．中国体育科技，2010（3）．

[108] 邵芳芳，尹卫平，梁菊．重要的植物多酚及其抗氧化性能的研究概况 [J]．西北药学杂志，2010（1）．

[109] 赵保路．自由基、营养、天然抗氧化剂与衰老 [J]．生物物理学报，2010（1）．

[110] 王娟，刘学保．耐力性项目运动员的能量供应特点与营养补充 [J]．宿州学院学报，2006（1）．

[111] 诺曼·布克鲁，曾云贵．比赛的营养 [J]．贵州体育科技，1992（4）．

[112] 付春香，李海平．耐力项目运动员的营养特点及调配 [J]．保定师范专科学校学报，2006（2）．

[113] 任昭君．营养补充与运动能力 [J]．辽宁体育科技，2003（4）．

[114] 丛林，朱静华．浅谈运动员营养补充的误区 [J]．田径，2014（12）．

[115] 吴坤．营养与食品卫生学 [M]．北京：人民卫生出版社，2006．

[116] 赵士辉，李家祥．食品安全 [M]．天津：天津古籍出版社，2012．

[117] 翁庆章，钟伯光．高原训练的理论与实践 [M]．北京：人民体育出版社，2002．

[118] 张文栋，杨则宜．实用体能训练营养学 [M]．北京：人民体育出版社，2014．

[119] 余君．竞技运动实用营养指南 [M]．武汉：湖北人民出版社，2012．

[120] 郭勇力，刘霞．实用营养学 [M]．北京：北京体育大学出版社，2013．

[121] 葛可佑．中国营养科学全书（上下册）[M]．北京：人民卫生出版社，2004．

[122] 中国营养学会.中国居民膳食营养素参考摄入量（2013 版）[M].北京：科学出版社，2014.

[123] 杨桦.大学生冬季体育锻炼的营养补充 [J].冰雪运动，2007（1）.

[124] 王德显.马拉松运动员的营养补充 [J].田径，2005（7）.

[125] 雷宾宾.自由泳教学中身体平衡技术原理研究 [J].湖南邮电职业技术学院学报，2018（2）.

[126] 宋义忠.篮球运动员投篮起跳身体平衡控制预测仿真 [J].计算机仿真，2017（10）.

[127] 雪丽.老年人如何提高身体平衡能力 [J].新农村，2015（9）.

[128] 李军.青少年短道速滑运动员的营养补充 [J].冰雪运动，2014（1）.

[129] 陈敏雄.运动性疲劳及消除疲劳的特殊营养补充品 [J].安徽体育科技，2003（3）.

[130] 武文龙.运动营养与运动员运动能力的关系分析 [J].运动，2013（7）.

[131] 胡冬梅，王芳华，刘兴鹏，等.运动员运动营养膳食结构探析 [J].体育成人教育学刊，2008（2）.

[132] 杨若愚.乳清蛋白与运动营养 [J].中国科技信息，2008（23）.

[133] 张思纯，冷有林.外军热气候条件下营养研究概况 [J].解放军医学情报，1996（1）.

[134] 李刚.补充碳水化合物对跑步运动后血液指标的影响 [J].国外医学（物理医学与康复学分册），1998（4）.

[135] 艾华.当前运动营养研究述评 [J].中国运动医学杂志，2010（2）.

[136] 赵原.运动性疲劳的诊断及其恢复手段 [J].河池师专学报（自然科学版），2001（2）.

[137] 赵原.补糖与运动能力 [J].柳州师专学报，2001（1）.

[138] 赵国珍，侯冰，王晓霞.全民健身与全民健康 [N].山西日报，2018-08-07.

[139] 李雪颖.促科学健身保全民健康 [N].中国体育报，2014-02-18.

[140] 季雪峰.推进科学健身保障全民健康 [N].中国体育报，2015-03-19.

[141] 蒋予昕. 加快全民健身和全民健康深度融合 [N]. 广西日报，2021-07-16.

[142] 沈体. 大力推动全民健身和全民健康深度融合 [N]. 福建日报，2019-03-26.

[143] 廖美样，肖榕. 大力推动全民健身和全民健康深度融合 [N]. 中国体育报，2019-03-29.

[144] 韦军伟. 河南加快推进全民健身和全民健康深度融合 [N]. 中国体育报，2021-09-01.

[145] 姜小莉. 推动全民健身和全民健康深度融合 [N]. 常州日报，2019-06-16.

[146] 曹启原. 真正带动全民参与健身实现全民健康 [N]. 呼伦贝尔日报，2018-02-23.

[147] 殷琼. 全民健身与全民健康深度融合的现实困境与对策建议 [N]. 芜湖日报，2020-08-14.

[148] 皇智尧. 全民健康托起全面小康 [N]. 江门日报，2021-07-26.

[149] 黄文扬. 高校体育教育现状及未来发展对策研究 [J]. 赤峰学院学报（自然科学版），2014（17）.

[150] 周悦. 我市召开全民健身与全民健康深度融合联席会 [N]. 巴彦淖尔日报（汉），2021-07-21.

[151] 郭建军. 体育 + 医学实现全民健康的新路径 [N]. 健康报，2021-08-04.

[152] 韦军伟. 河南加快推进全民健身和全民健康深度融合 [N]. 中国体育报，2021-09-01.

[153] 郝占，黄璐超. 内蒙古推动全民健身与全民健康深度融合 [N]. 中国体育报，2020-01-10.

[154] 张巨峰. 以全民健康助力全面小康 [N]. 山西日报，2019-01-29.

[155] 卢文云，陈佩杰. 推进全民健身与全民健康融合发展 [N]. 中国人口报，2019-01-28.

[156] 沈体. 大力推动全民健身和全民健康深度融合 [N]. 福建日报，2019-03-26.

[157] 刘红建，张航，沈晓莲. 全民健身与全民健康深度融合的政策体系：价值、

理念与框架 [J]. 武汉体育学院学报，2019（3）.

[158] 张强，吴晗晗，刘必水 . 我国体育健康产业发展研究 [J]. 体育文化导刊，2018（11）.

[159] 冯振伟，张瑞林，韩磊磊 . 体医融合协同治理：美国经验及其启示 [J]. 武汉体育学院学报，2018（5）.

[160] 张鲲，杨丽娜，张嘉旭 . 健康中国："体医结合"至"体医融合"的模式初探 [J]. 福建体育科技，2017（6）.

[161] 牛晶晶 . "健康中国"背景下推进全民健身与全民健康深度融合的思考 [J]. 湖北体育科技，2017（8）.

[162] 秦江梅 . 中国慢性病及相关危险因素流行趋势、面临问题及对策 [J]. 中国公共卫生，2014（1）.

[163] 王圣宝 . 漫话华佗的体医结合 [J]. 体育文史，1998（5）.

[164] 黄文扬 . 高校体育教育现状及未来发展对策研究 [J]. 赤峰学院学报（自然科学版），2014（17）.

[165] 陈立波 . 全民健身运动视角下的高校体育教学内容体系的创新规划 [J]. 赤峰学院学报（自然科学版），2013（10）.

[166] 刘海明 . 高校体育与全民健身计划接轨研究 [J]. 体育科技文献通报，2013（2）.

[167] 邱敏 . 新时期下的全民健身发展机遇与挑战 [J]. 文化创新比较研究，2019（6）.

[168] 王越 . 竞技闯关节目对全民健身的影响研究 [J]. 运动，2018（9）.

[169] 蒋智慧 . 学校体育应努力为全民健身作贡献 [J]. 四川体育科学，1997（1）.

[170] 杨洁，赵玮 . 关于奥运会对举办城市经济的影响分析 [J]. 全国流通经济，2017（7）.

[171] 刘卫国 . 试论体育在城市经济发展中的作用 [J]. 中国市场，2007（39）.

[172] 赵美环 . 试论体育在城市经济发展中的作用 [J]. 商场现代化，2006（27）.

[173] 赵晶 . 健美操与体育舞蹈的结合在全民健身中的作用 [J]. 太原城市职业
技术学院学报，2010（4）.

[174] 卢文云，陈佩杰 . 全民健身与全民健康深度融合的内涵、路径与体制机
制研究 [J]. 体育科学，2018（5）.

[175] 田媛，肖伟，姚磊 . 全民健身对接健康中国建设的主要问题与突破点 [J].
体育文化导刊，2018（2）.

[176] 冯庆雨 . 全民健身与全民健康设施上深度融合研究 [J]. 体育科技，2017
（5）.

[177] 邱世海 . 全民健身视角下社会体育指导员队伍发展研究 [J]. 体育科技，
2015（6）.

[178] 汪玮琳，刘星 . 全民健身和全民健康融合发展的研究 [J]. 农村经济与科技，
2019（10）.

[179] 胡鞍钢，方旭东 . 全民健身国家战略：内涵与发展思路 [J]. 体育科学，
2016（3）.

[180] 李朝 . 全民健身与全民健康深度融合的路径探析 [J]. 运动，2018（17）.

[181] 周忍，刘天阳，孙健 . 全民健身视域下民族传统体育发展的困境与策略
研究 [J]. 运动，2017（12）.

[182] 袁锋 . 健康中国背景下全民健身与全民健康融合发展研究 [J]. 广西广播
电视大学学报，2018（6）.

[183] 毕玉祥 . 健康中国背景下民俗体育与全民健身价值的融合与传承 [J]. 当
代体育科技，2017（22）.

[184] 聂瑞莲 . 全民健身与全民健康深度融合发展问题研究 [J]. 体育世界（学
术版），2019（10）.